人生路引

我從閱讀中練就的
28個基本功

楊斯棓——著

推薦序

與山同坐．紅龜粿

RainDog 雨狗

我從地獄來，想往天堂去；
正路過人間，遇見楊斯棓。

我愛台灣，但不愛（部分）台灣人。而本書作者楊斯棓醫師，一直屬於那個我所嚮往的、一個更加美好的台灣。現在透過這本書，你也可以進入這個世界。

自己這些年來，一直致力於把美、日、歐的簡報世界中，還沒引進台灣的經典書籍，以導讀講座的形式，介紹給國內的朋友。在準備過程中，我領悟到一位夠稱職的書籍導讀者，本身需要具備三種看書的視角高度。

仰視、俯視、平視

好的導讀者，首先需要保持智識上的謙遜，以敬重之心，仰視書中的每個細節；更進一步的要求，是要盡可能的看遍該領域的經典著作，才能具備俯視的視角高度，能給這本書在其知識體系中一個精確的定位。

而更考驗導讀者功力的，則是平視的視角。導讀者本身的知識儲備、人生閱歷，決定了自己能和作者對談到何等的廣度與深度。楊醫師在《人生路引》中，就展現出了與山同坐，和各領域大師分庭抗禮、平分秋色的格局、高度與氣魄。

紅龜粿 2.0

市面上介紹書的書不少，讓你看一本書，就能速食十幾本到幾十本書的重點與精華，以時間成本來說，似乎很划算；但這類書往往就像本書當中提到的紅龜粿，「沒有不漂亮，也沒有不好吃，但味道不會超出預期，沒有驚喜」。

的確，一般的紅龜粿，都是以糯米包裹甜豆沙內餡。記得小時候在澎湖家鄉，每年到了農曆春節的初九拜天公那天，都會吃到這熟悉的古早味。

長大後來台北，有次在新北市的金山老街上發現有家粿行，米糰並不是用一般的米粉拌熱水成形，而是用純米漿脫水的米糰做成；第三代的小老闆又研發了咖哩菜脯、筍絲香菇，以及薑汁地瓜等新口味，外型和分量上，也改良成更精巧合宜的一口紅龜粿。

我有次在台北萬華的一家法式甜點店，還吃到了變成慕斯蛋糕的紅龜粿。店家把傳統的米原料，改成有紫米的手工甜酒釀。紅豆餡也是自己製作，用來自屏東萬丹的紅豆，從泡水悶煮到炒成紅豆沙，再搭配日本沖繩所產、甜膩感低的本和香糖。還有油，並不是傳統常用的酥油或豬油，而是法國的發酵奶油；

甚至就連外觀的紅龜淋面，也不用市面常見的便宜合成色素，改用自然的莓果果泥與天然的紅麴色素。吃起來既清爽，又覺得味道、層次豐富，還增添了幾分法式風情與日式口感。

現在，就請你先隨意翻閱本書的任一章節，結合楊醫師的閱讀心得與人生經驗，並從中練就出二十八個基本功的《人生路引》。只要你試吃過一口，相信你一定會同意：這本書就是那超出你預期、帶給你驚喜的紅龜粿。

（本文作者爲簡報奉行創辦人）

推薦序
十年路引

胡慧玲

我第一次被楊斯棓吸引，是因爲他在臉書上，寫他於妹妹婚禮上的「全台語」致詞。我讀其詞，台語優雅道地、靈動有趣、意蘊深遠。遂開始「追蹤」他。楊斯棓在住院醫師結束後的 gap year，自費巡迴演講反核議題，環球演講了兩百二十二場。後來他走上專業簡報講師之路，然後因父病而接下診所繼續當醫師，一邊看診，一邊仍受訓進修。我心想，這人眞是怪咖。

我們邀他來演講。演講前有討論餐敘，演講後有感謝餐敘，或許是合節拍，我們漸漸建立某種默契和私誼。分隔台北、台中兩地，也盡可能安排小聚。

長期密集追蹤臉書，我確認並佩服他的獨特性。首先，他的歷史感——他中學時代就熟讀台灣史，又從李鴻禧、謝長廷等人的演講錄音帶，習得台語之美。其次，他的現實感——他用醫官的閒暇時間，大量閱讀利率、稅制、不動產等相關書籍。他深知線性收入和被動收入的差別，並以知識和膽識賺到身家，賺到自由。還有，他的實踐力——他喜愛閱讀，鼓勵閱讀，每月自辦有獎徵讀書心得。選舉活動或NGO捐款，慷慨大方。另外，他尊重專業，也認真造就自己成專業，花錢不手軟——花錢是學問。

我是楊斯棓的鐵粉。除非我生活太兵荒馬亂，否則篇篇細讀。尤其，他二〇一六年中因父病危，被迫接下診所。小鎮年輕開業醫師的工作與生活，他寫來是一幕幕的驚世、警世情境劇。我讀了詫笑、蹙眉。在情境劇裡，看到他的人生哲學、勇敢和明快。我常忍不住跟我夫說：「這楊斯棓啊，沒在怕的，每篇臉書都在得罪親戚五十、朋友六十。」

「認識」斯棓十年了。他真誠、實在，不會說一套做一套。他表裡合一，相信什麼就力行什麼。他說話寫文，沒有虛字贅詞、酸言酸語，不假仙、不假掰，知識含金量，忒高。我讀他文章，有樣學樣，校準心之羅盤，因而神清氣爽。比方他說：「遇到大外行不要與之爭辯；遇老千要快閃；若是高手就看有沒有緣分當朋友。」

我想了想，我們最大共同點是喜歡書。年少至今，我主要倚賴閱讀，解決人生的重大困惑。後來靠益友——友直友諒友多聞，然後又靠運動，強健身心靈。斯梧閱讀範疇廣，常有出版社請他寫推薦序，他說他總是反覆讀兩遍，帶著問題讀，讀到甚至可以代替作者上電台談書。楊斯梧的第一本著作《人生路引》，寫他的讀書心得和人生經驗，如何交相作用，旨在對讀者產生路引之效。

很榮幸受邀替《人生路引》寫推薦序。模仿是一種致敬。我模仿斯梧的態度，讀了三遍書稿，記了六頁筆記，兩天寫一千字。我眞心相信他說的：「我愈努力，就愈好運。」

（本文作者爲作家／「上尚講堂」策畫人）

推薦序

《人生路引》爲你帶來奇蹟

張瀞仁

念書是件讓人挫折的事。

我不喜歡考試，爲了拿分數、苦讀教科書就不用說了，我常常連看臉書都覺得挫折：誰這個禮拜又達成什麼、誰又去哪裡玩、誰家中了什麼獎、誰今年已經上了多少課、讀完幾本書……這一切，讓人非常挫折。

但也是因爲書，我得以認識斯棓；因爲臉書，我們成爲不常見面，但有些交情的朋友。自媒體大家都可以用，大張旗鼓的自吹自擂或互相批評都很容易，但斯棓總是在推廣閱讀，對身邊的人也保持一種有溫度的距離。

我們第一次見面，是我邀請他到台北市立圖書館來聽我演講。當時不知道哪來的勇氣，明明他是該場地的聽眾人數紀錄保持人，還是滿滿助教的那種排場，我竟然就這樣開口，而他也答應了。他特地從台中北上，提早入座，結束時默默的走。沒想到兩天後，曾任 TED×Taipei 講者的他，花了很多時間，一條一條列點，講出他覺得我值得稱讚的部分。他就是如此毫不張揚的鼓勵人。有次我們談了一下午的事情，他一直忍到最後，才輕輕的關心：「妳這種口罩防護力不是很好，是不是買不到？」如此輕、又這麼重的關心旁人。有陣子他家人身體出了些狀況，焦頭爛額、奔波之際，他竟然是開始提醒朋友應該要先注意準備，以後碰到他這種狀況才會比較輕鬆。

講了這麼多他的事，是因為我相對於讀者，多了幾次跟他親身相處的機會；而人如其文，這本書就是他的風格：有飽滿的知識卻不誇耀、有火熱的理想卻冷靜的貼近現實、充滿關懷卻不讓人感到壓力。斯棓念很多書，甚至送很多書，我猜世界各地應該都有收過他藏書贈禮的人，但他花這麼多時間自己寫的第一本，竟然是以人生考驗為經、他人著作為緯的書。我想說他怎麼不多加點自己的看法，他說：「讀者如果不相信我，我至少可以提供其他經典作品的觀點，供他們參考。」至於書中觀點有多深刻，其他我不知道，但身爲在國際非營利組織擔任跨國主管的人，我很驚訝他對於慈善和公益的理解。這通常不是看幾本書就好，而是身處這個環境、努力學習一段時間才能建立的見解。

如果你是時間不多，又希望系統性吸取人生旅途中所需智慧與經驗的人，看這本書會讓你像吃了聰明藥。如果你是渴求知識的人，書裡面的書單會是很棒的資源。無論對人生的體悟、對其他族群的關懷，都不是從書裡就可以直接得到的，卻可以透過閱讀而建立；而《人生路引》就是可以幫助建構人生觀和世界觀的一本書。

身爲一個覺得念書讓人挫折的人，又要幫一個寫過幾百篇推薦序的人寫推薦序，不管怎樣都不會寫得好。但轉念一想，我可以在這裡有空間，本身就是奇蹟了啊！這本集結了成千上百本讀物智慧的書，相信也會爲你帶來奇蹟。

（本文作者爲作家／美國非營利組織 Give2Asia 經理，著有《安靜是種超能力》）

推薦序

用閱讀徹底升級你的人生

洪培芸

知名的中國企業家、說書APP「樊登讀書」的創辦人樊登說過，他的目標是「透過讀書讓中國發生改變」。這正是我在楊斯棓醫師身上看到的**究極精神**，也是我一路走來的生命體會：用閱讀徹底顛覆你的人生，讓你不再跟所有人一樣；能少走冤枉路，不再繞遠路，進而活出前所未有的最好版本。

最初知道楊斯棓醫師，是透過他發表在臉書上的文章，它帶給我的第一印象非常強烈。針砭時事，鞭辟入理；分析人情，犀利無比；顯然他的內在，有龐大的知識及資料庫支持。只看他的文章，還不認識本人時，會覺得是「很敢講」（台語：chin-ká^{n}-kóng）的大砲。然而，見到了本人之後，卻是一名謙和敦厚的君子！眞是完全無法聯想在一起。

還記得二〇一九年七月二十日，楊斯棓醫師在慕哲咖啡的演講，我是台下的聽眾之一。演講之後的Q&A時間，難得舉手發問的我，請教了一個卡在我心中的難題，那就是：「要如何進行篩選，幫人撰寫推薦序？」因爲身爲臨床心理師，也是作家的我，不時收到來自各方的推薦序邀請。當時在我心中糾結的障礙是，我所背書的不只是一本書的內容品質，更多時候，還背書了作者的人品！

信任我的讀者及朋友們，可能因著我的推薦，進而買書，甚至相信這個人。若此人表面道貌岸然，私下卻道德淪喪、人品有瑕疵，我豈不是誤了信任我的讀者？因爲他們可能在日後有實際碰面的機會，進而有被利用、被剝削，甚至被侵犯的可能。

感謝楊醫師，早已走在最前方。他大方無私、眞誠友善的分享了他的想法及做法，對我啓發及幫助很大！

人生最大的幸運，不是一生無風無雨，因爲這是不可能的。而是你能踩著前人的足跡，踏在巨人的肩膀上，預先看到生命中的各種難題，可以怎麼解決，才是最好的途徑；哪些坑洞千萬不要跳進去，因爲進去之後多半斃命，逃出生天的機率幾乎等於零。

人生最大的痛苦，則是沒有自由；一生聽人發落，任人宰割。很多人活得悲苦，那是因爲反覆走著錯誤的路，該準備的時候不準備，該撤退的時候不撤退，甚至還自己動手挖坑，讓旁人看著感到無比悲催。

受苦的人總以爲自己沒有別條路走，自己沒得選。其實早有好書擺在眼前，卻不願意翻閱，認眞學習，好好修練。

打贏人生這場勝仗，你需要攻略，而這本《人生路引》就是指引你的人生攻略。

中國有樊登，很好。那麼台灣有什麼呢？台灣有言論自由，更有楊斯棓醫師！站在言論自由的基礎上，你不僅會獲得精粹後的知識分享，還有更眞實的生命體會。

擴展視野，提升能力，才有實力過好這一生，過著你眞心渴望的人生。

（本文作者爲臨床心理師／作家）

推薦序

書中之書——用閱讀做標記的人生路引

鄭錫懋

最爲難的，就是序文的用字限制只有一千字。

這就像你專程規畫了兩週的假期，一心奔著羅浮宮而去，除了〈蒙娜麗莎〉〈勝利女神像〉〈米洛的維納斯〉之外，連〈荷魯斯〉和〈漢摩拉比法典碑〉也細細駐足欣賞。花了十二天浸淫在博物館裡，連香榭大道的ＬＶ旗艦店，都被排除在行程之外。帶著豐盈滿載的藝文體驗回國後，朋友問你：「能不能簡單用一千個字，說明一下你的收穫？」

「不能，句點。」正是我此刻的心情。唯一能說清楚的，是我對斯棓醫師的感激。

和斯棓的相識，是從追星、仰望到快跑、跟隨的過程。斯棓的兩百二十二場環島講座，我像個小粉絲般追了其中五場，見證了何謂「場場更新內容、場場增添驚喜」，由此可看出他是位成長型心態的實踐者。

自二〇一四年認識斯棓後，我的人生產生了質變。他的臉書貼文，就像我的窗戶，不只打開大腦迴路，更打通了我的人生出路。我從補習班工讀生一路做到老闆，十四年的職業生涯都在補教業，我的職涯視野，也僅限於此。

交往日深，長年看他用演說傳遞熱情、促發改變；用文字針砭時弊、沁人心脾；用捐輸實際擴大影響圈、打造心中更好的台灣。和他年齡相仿的我，竟也被激起了「有爲者亦若是」的夢想。這個擴大影響力、有益於人的想法，才催生了「英語自學工作坊」，也才有了後來的著作《英語自學王》。

斯棓博覽群書，藏書量驚人，作序量也驚人（目前已有近百篇序文，持續增加中）。在「一間間」的藏書中，精挑出對其人生有深刻幫助的二十餘本爲綱；用他過人的領悟力，煉製出精華。超越了濃縮式「物理說書」，領先了詮釋性的「化學說書」，根本是「煉金術說書」。透過自身的觀察與經驗，爲原著畫龍點睛、增添價值，這本《人生路引》，堪稱是書中之書。

從獨善其身、開創新局、思維習慣，到富足、家庭、助人，斯棓不藏私的分享了他的藏寶圖，鼓勵我們也繪製一張自己的，並且勇敢踏上征途、昂首前行。斯棓如此行，所爲何事？我想是爲了更好的台灣。他深知，唯有國民的人生變好，台灣這塊土地才會眞正變好。

一如在〈父母的語言〉此章節裡，作者丹娜·蘇斯金的故事。她的先生唐恩醫師，陪伴孩子在沙灘玩耍時，目睹了兩個小男孩在湖邊溺水，他不加思索的跳進水裡救人。結果男孩們平安獲救，唐恩卻不幸殞命。

蘇斯金雖遭喪夫之痛，卻選擇化悲痛爲大愛，延續先生救人於危難的精神，著力推廣「三千萬字計畫」，幫助更多的孩子，能夠被妥善的教養。因爲，她關心的不只是自己的孩子，而是所有人的孩子。「有太多孩子在不利成就的情況下掙扎」，當我們看見了，她說：「我們不能佇立岸邊！」

寫這本《人生路引》，斯棓醫師關心的，不只是自己的人生，而是大家的人生。人生無法預演，大家都是摸著石頭過河，但是透過閱讀，我們得以汲取前人的經驗，避開滑石、閃過深潭，不致在無知中滅頂。

斯棓是已經到達彼岸的人，看著許多人「在不利成就的情況下掙扎」。他看見了，他不想只是佇立岸邊。

在環島演講中，斯棓總以「感動山神的鸚哥」自居。在森林大火裡，有一隻鸚哥已經安然飛走，脫離凶險。因不忍同伴受苦，就飛去湖邊，用翅膀沾水來回無數次，想用翅膀上的水來滅火。看似徒勞無功的努力，最終卻感動了山神，降下大雨、撲滅山火。

現實生活中，不一定有山神，但斯棓來來回回沾在翅膀上的湖水，眞的滴落在我的身上，讓我得以躲過烈火，奔向自由。受人恩情太多，能做實在太少，但願也成爲一隻鸚哥，沾濕自己的翅膀，往需要我的地方去。

或許，撲滅人生大火的，不是山神的奇蹟，而是一群一群願意沾濕翅膀的鸚哥，是爲序。

（本文作者爲作家／講師，著有《英語自學王》）

目次 CONTENTS

Chapter 3

豐盛應許，來自思維習慣 131

Chapter 4

Chapter 5

Chapter 6

寫作緣起——
從主題難產到產生曙光

七年前開始有出版社找我寫書，前後近十間，除了圓神外，我都以應允圓神爲由，婉謝推辭，但我的寫作主題卻遲遲無法拍板定案。

從那時開始，我曾有一年半，什麼事都不做，只辦一件事，叫：環「島」演講（最後變成環「球」演講）。我針對能源議題無償的講了超過兩百二十二場，呼籲民眾重視節電與思考核電是否爲台灣必要選項，足跡遍及綠島、菊島、九龍半島，以及紐約這個強人的金銀島等地。

接下來一年半，我全職投入職業講師行列，後來因爲家父病危，診所需我坐鎮，友人林長揚也答應我從物理治療師轉職爲講師，我倆雙雙臨危受命：我受父命，他受我請託之後，我才毅然退出講師領域，回歸醫師，長揚一腳往前跨進講師圈，如今炙手可熱。

捫心自問，我一直無法順利交稿，有兩大原因。

第一，擔任職業講師的過程中，我累積了很多教學經驗，我跟團隊帶領兩天一夜的 presentation workshop 駕輕就熟，七成以上的學員隔天都能呈現比自己第一天預期更好的報告成果。但美、日、台的教學相關書籍作品繁多，實在不需我野人獻曝。

第二，環島演講的過程中，很多心得我已在臉書上發表過了。我回頭看當時的心境起伏，有時不過是些不順心的小事，然而在那時體力嚴重透支下，倒成了能打擊精神意志的大事。現在的心湖倒是水波不興，所以也沒辦法回顧環島演講而特別寫成一本書，因爲我的心境已大不同了。

圓神的書債仍欠著，貴人們一直很照顧我，這個書債疙瘩很困擾我，該怎麼辦呢？

「Why me?」我不斷反問自己。

環島演講、職業講師、診所蹲點的交集，這是我獨有的人生際遇，從環島演講開始，陸續有出版社找我寫推薦序。一開始是能源、環境議題這類書籍；

後來我擔任講師，開始有簡報、演講、表達等主題的書籍拜託我寫；之後生活以看診為主，閱讀為輔，找我寫的書種換成跟閱讀、生活、效率有關。

中國的自媒體人羅振宇說自己是「知識的搬運工」，身為台灣人的幸運是我們可以搬很多他想搬卻不能搬的書。

我是個愛書人，先前經營的診所有一面書牆（台灣附設書牆的診所不到一%），可以讓患者自由取閱書籍，不必登記，不需還我，就請帶走。

在完成自己的著作之前，如果你在博客來網路書店搜尋我的名字，會有兩百三十四個搜尋結果，都是推薦別人的實體書或電子書。

最後，我索性跟專案企畫和主編提議，我決定揉合我的閱讀心得跟人生經驗來寫這本書。告訴我的讀者，哪些書擴展了我的視野，增加了我的能力，讓我知道如何能更有餘裕的面對那個無法倒退也無法快轉的人生時鐘。

六十歲時，你想走成 L 型或 C 型人生？

我觀察身邊超過六十歲的人，其中最極端的兩種人生樣貌約莫如下：

第一種我稱之**「L型人生」**。

L小姐已退休，退休後喪偶，靠另一半的撫卹金過活。年輕時沒有培養什麼興趣、嗜好，除了八卦別人家的大小事或股票明牌，即使她老公在世時，炒、賣股票總以賠錢收尾。

擋住家中動線那些只用過一次的商品，以前購自電視購物，近年則來自臉書直播。

她跟兒子、媳婦同住，兒、媳出門工作時，她總以愛之名，踏進人家主臥室，以整理之名行窺探之實。她嘴上最關心的不是自己的健康，而是媳婦的肚皮；肚皮裡有沒有心跳聲？有沒有帶把？這牽動她的萬千神經，兩造千千結。

她喜歡旅遊，但通常只參加里長相招的一日遊，搭那種由呵欠連連的司機所駕駛的陽春遊覽車，旅遊品質連她自己都不滿意，唯一短暫的開心時刻是車上可以唱卡拉OK。

健康每況愈下，但她也不覺得運動習慣有多重要，每當有人建議她要運動，她總會回嘴已經做很多垃圾分類的勞動。她最近爬樓梯開始覺得有點困擾，因爲膝蓋愈來愈使不上力。有時趕不上倒垃圾，追垃圾車時，發現自己竟會喘。

有一次她在星巴克遇到一位自稱是治療師的小姐，請她錄下自己一天說過的話，她驚覺自己只要開口，就是抱怨。

此刻的她，對於「活著」，並沒有特別的喜悅。她雖燒香，但那些舉動只是年輕時，無意識模仿母親的初一、十五，她其實沒有信仰，不曾禱告。

第二種我姑且稱爲**「C型人生」**。

C小姐也已退休，年紀跟L小姐相仿，過去因爲買股票賠過很多錢，後來只喜歡儲蓄，定存利率雖低，但感覺「至少錢不會不見」，幾年前擔心老本會愈來愈少（因爲銀行利息不足以支應其生活費，生活費會耗掉部分本金），四處詢問資金有沒有更安全的停泊處，最後她找到較安心的投資方式，她投資REITs，並且分散投資地點：台灣、新加坡、香港、美國（但香港欲通過《逃犯條例》之後，她賣光相關持股，分散到其他投資標的），從此她的生活費不會耗掉本金，光REITs的利息，已經夠她開銷。

她年輕時稱不上有良好的運動習慣，但年過六十，聽到許多醫師提及肌少症，加上看到身邊許多長輩行動都需要人攙扶，她不希望自己走到這一步，於是下定決心認真運動，每天騎健身車或到國小操場健走，每天保持運動半小時，自己也深深覺得認真運動後，身體舒服很多。

過去她也看第四台，在子女勸說下，慢慢減少自己無目的看電視的習慣，要看就看 Netflix 或 HBO，好好放鬆享受一段影集，而不是看第四台那些粗製濫造的節目，吸收一堆錯誤雜訊，心智停止成長。

兒女住在車程半小時的地方，一週見面幾次。各有生活空間的好處是，彼此較珍惜見面時刻，不會互相干擾生活步調。

在兒女的勸說下，退休後她搬到大樓，按照大樓規矩跟著垃圾分類，隨時都可以把垃圾丟在子車，簽約的清潔公司會定期去清運，不知不覺她開始過著「不用追垃圾車」的人生。很多住精華地段的台北人還要追著垃圾車跑，這對新加坡或奧地利人來說，簡直像天方夜譚。

我希望你活得比 C 型人生更精采

香江第一才子陶傑筆下曾提過一個詞叫「小農 DNA」，此類人「嫉妒、自私、小心眼，盯著眼前半畝爛地，以爲就是全世界」。然而我們不妄自菲薄，也不夜郎自大。我們要有宏觀的世界觀，察納雅言、愼思明辨。

有些事情，我們必須及早準備，愈早準備好，我們就能擁有更多餘裕，去過屬於自己的人生，諸如：被動收入、預立醫療、預立遺囑、教養下一代、安頓上一代。

我在想，再過二十年，身邊許多朋友，也會來到 L 小姐、C 小姐的年紀，有沒有可能因爲我分享一些好觀念跟可具體執行的方法、可培養的習慣，讓大家從 L 型人生往 C 型人生移動，甚至過得比 C 型人生更精采，這就是我寫這本書的初衷。

Chapter 1
獨善其身，可以這麼準備

說書──
閱讀的進化：從讀書到說書

樊登《讀懂一本書》

樊登是一位以「說書」聞名的中國企業家。說書者所在多有，但把「說書」玩得淋漓盡致，打造出一個事業生態系的人並不多。眾多鐵桿粉絲因他口一開而買書、讀書，甚至還改變讀書習慣，從不讀變得愛讀，淺嚐變成細嚼。付費聽樊登說書的會員數，比台灣加上香港、夏威夷的總人口還多。

如果類比人的親疏遠近，把人和一本書的關係由淺而深來區分的話，可羅列出以下幾種層次：

從沒聽過／準備要買／已在書架上／曾經翻讀／了然於胸

樊登說書讓我發現，至少還可以再加上這兩類：可以講書給人聽，但講得很卡，講得「不自如、不舒服」；以及可以跟人說書，講得很順，講到「進入心流狀態」。

我的閱讀簡史

很多人離開學校後再也不看書，其中好一部分人被考試搞壞了讀書胃口。就連樊登也曾經歷過這樣的心路歷程：「碩士畢業時，我曾發過誓，說以後再也不讀書，再也不參加任何形式的考試了。」

如果讀書的動機只爲了應付考試，那一旦不用考試，就沒有動力讀書了。

上高中前的暑假，我開始試著讀過去我認爲大人才會看的書。最初接觸的兩本書讓我大開眼界：一本是《定根台灣陳唐山》；另一本是《菅芒離土》。這兩本書都是說流亡海外，名列黑名單的知識分子去國懷鄉的故事，我因此對被名列黑名單者，總懷抱著一份同情。

上大學前，我只要看非關大學聯考的書籍，家母一定嫌惡的認爲，這些書排擠了我準備考試的時間，而用盡各種不友善的語言，數落這些書的存在。以當時那幾年來論，沒有集中心力把課程內容搞得精熟，對一時的考試結果確實吃虧，但若是把時間拉長點來看，那些無關聯考的衆多書籍對我人生各方面的影響，可能是十倍於國立編譯館的衆出版品。

進醫學院後，家母對我的要求不再那麼多，只求畢業考上醫師執照就好。之後我有好一段時光很快樂、很奢侈的自由閱讀，當時前衛出版社只要辦特賣會，我就會搭尊龍客運專程北上扛書，也因此和社長林文欽成了忘年之交。學期初和期中考後，功課不會太重，那時候我就把東方白、汪笨湖、王溢嘉等人的所有作品，日夜大啖，用「日啖荔枝三百顆」的那種啖法。在醫院見、實習時，體力多消磨在換藥、上台報告、接病人、打病歷，無暇他顧。

等到下一段可以奢侈閱讀的歲月，是在任職醫官時。

擔任醫官時，我同時要兼職營養官，當時有幾大任務：巡廚房、守醫務所之外，就是別人操練時的待命。待命時可以發呆，也可以善用自己的時間。沒事的時候，我會在救護車上讀書，那時受小學同學楊子毅啓發，對不動產產生了興趣，前後我讀了六十本跟不動產有關的書，不過當時我名下一間房子也沒有，純粹在觀念上奠基相關知識。

閱讀後的好處就是我對利率、稅制、學區、商圈、建商品牌漸有概念。一個人在我面前口沫橫飛的講起不動產，我不會被牽著鼻子走，反倒會靜靜的分析這個人是高手、老千或大外行。遇到大外行不要與之爭辯；遇老千要快閃；若是高手就看有沒有緣分當朋友。

家母對於銀行利率無論是一．五％或十五％都覺得貴，她的觀念根深蒂固，「我不想給銀行賺利息」。那是錯的，她沒有相關科系的背景，也不閱讀有關領域的書籍。對於房地產，她只有兩種消息來源：一是電視；二是聽朋友隨口亂聊。如你所知，這兩種資訊品質都靠不住。

我若不讀相關書籍，儲備好下判斷的來源，遇事要問家母，早晚陷入無底深坑。身邊很多朋友嫌累積這些知識很麻煩，遇事去請教（沒有比你懂，還有很多錯誤觀念的）長輩，總陷入更大的窘境。

推薦序可能是雞肋，也可以是雞腿

結束家醫科醫師訓練之際，我曾自費環島講了兩百多場演講，我請我的聽衆思辨，究竟核電是否爲台灣的必要選項。當時《核電不是答案》這本書的出版社邀請我寫推薦序，這是我寫推薦序的濫觴；自此也改變了我的閱讀習慣：凡要我寫推薦序的書，我一定從頭到尾讀過兩遍。從那本書迄今，有近百本各式各樣的書籍邀請我寫推薦序，說來眞是個幸運意外的起點。

爲了達成書寫一篇推薦序的任務，我必須比以往更費勁的讀一本書；帶著問題去讀書，邊讀、邊產生疑問、邊記錄；如果閱讀過程中，得到答案豁然開朗後更要記下，才能彙整出一篇引路文章。

有些朋友跟我分享他們的閱讀經驗，他們不喜歡放在書前的推薦序，有人說要撕掉，有人說要略過。我可以理解，但持不同的看法。

推薦序無罪，有罪的是寫得不好的推薦序。

有些推薦序的作者根本沒有讀過該書，下筆恭維作者，持論卻跟作者的結論相反，眞是貽笑大方。

推薦序不是重點摘要，若是如此，別人可能覺得這本書的重點好像被講完了，那也不用買了。

如果我們把推薦序念出來看成微說書，那摘要重點的推薦序，就是樊登說的「物理說書」；而融通了作者若干觀點後，進行再詮釋，或做出更生活化、更鮮活的比喻，讓讀者更了解書籍內容的推薦序，則是「化學說書」。

推薦序必須引領讀者認識這本書，讓讀者知道這本書究竟解決了什麼問題，能拓展哪些知識邊界，或者是什麼背景的朋友特別需要此書。

近年我讀得最認眞的一本書應該是《習慣致富》，因爲出版社推薦我上趙少康先生的廣播節目，對談這本書。我寫推薦序前已讀過兩次，上電台前又從頭到尾看過一次。因爲我想錄音時趙先生會問我很多書中的問題，現場我一定會來不及翻書看答案，必須立刻按照書中的意思作答，我可以順著書中提到的觀念打比方，但我謹守一個原則：個人意見不能超過書中畫面，因爲我不是以作者的身分上節目，而只是一個忠實的詮釋者。我們說書，不是著書，所以得拿捏分際。

樊登的原則是：「我堅持的一個原則是講任何書都不能挾帶『私貨』，也就是不能延伸特別多自己的東西，因爲這樣你就背叛了這本書，耽誤了聽衆和讀者。」他不是說完全不能講自己的東西，是「不能延伸特別多」屬於自己的東西。

樊登崛起，因爲打進零消費者市場

我聽過不只一位大老闆雇人說書給自己聽的都市傳說。大老闆日理萬機，餘暇不是睡覺就是運動，沒有時間細細品味一本書，但他聘雇專人，窮究一個禮拜讀一本書，消化成一個小時的內容講給他聽。譬如某一陣子流行OKR，這位專人就要讀透一本OKR領域最有代表性的書籍，在約定時間內，說一小時的書給大老闆聽。

大老闆可能一個月付八萬元給這個專人，換得每週一小時的現場說書，只要一年老闆能多賺一百萬，學費就已經賺回來了。

但我們一般人不可能月供八萬元請人讀書給我們聽，樊登就精準的切進這塊《繁榮的悖論》作者克雷頓·克里斯汀生所說的「零消費者市場」，樊登提供了一個便宜的選項（一年台幣一千多元），讓大批消費者願意爲「有人說書給你聽」買單。

樊登怎麼「讀懂一本書」？

樊登對自己說書的定調是：「解決人們身心安頓的問題。」他舉了三個面向：事業、家庭、心理。這三個面向都可能有困擾我們的問題；有些當下就存在，有時可以預見在不久的將來會發生，我們不必束手就擒。很多嗜讀者都曾告訴我們：世間的問題，以前的人都遇過，而遇過的人當中，有些人寫成書分享他的解法。我們很幸運的，可以從書中找答案，不必用肉身撞得頭破血流。

排便不順暢，我們可以讀《痔瘡自救全書》找到何謂良好的生活習慣；擔心退休金不夠，請翻閱《投資人宣言》；單身或喪偶時，我們害怕孤獨，可以參考《孤獨的價值》。以上舉例是要讓讀者知道，何謂帶著目的、問題去讀書。我們有所疑問，才更有找到答案的動機，而我們若多交付自己一個任務，也就是看完書之後，要用十五分鐘講給一個聽完這本書對他會有幫助的朋友，那我們的閱讀品質、反芻成效都會更好。

而樊登做的，其實就是把十五分鐘的規格拉到大約一小時。他也不藏私其以簡馭繁之術，用一個最簡單的心智圖（單色、無圖像）去濃縮一本書的重點精華。做節目說書的時候，就順著心智圖的繪製順序，瞥著關鍵字，一段一段的說起書來。

一開始，家母不甚了解我人生的下半場規畫，我把《成爲自由人》這本書用說書的方式講給她聽，她若有所悟，和我的衝突也變少。

說書不一定要把自己貼上網紅標籤、求讚於江湖，光說書給周遭家人跟摯友聽，消弭衝突，澆灌智慧，就非常幸福。

說話——
讓自己被看見的基本功

謝文憲《說出影響力》

企管名師謝文憲曾寫過一本書：《說出影響力》。他分享怎麼把話說好，把事做好，成爲超級業務；後來轉換跑道，成功打造精采的講師生涯。成書之際是二〇一一年，後來憲哥繼續發光發熱，主持廣播，籌拍電影，無役不與。

身邊不少人有這種疑問：「我又不用上台致詞，工作也和演講無關，就算說話能說出影響力，與我何干？」

有此質疑，就是誤認上台才叫說話，台下只算閒聊。其實，一個人若愛「喝咖啡，聊是非」，沒有「說人是非者，必是是非人」的認知，反而很容易被貼上八卦標籤，跟很多好機會絕緣。

說話指涉的範圍很廣，工作中、茶水間、親子對話的說話品質；跟上台相比，一樣重要。

人生是借過，沒人需要閃

打個比方，假如你是醫院裡隸屬洗腎中心裡的清潔工，推著廢棄物處理車從電梯走出來，準備去收拾每台護理工作車上的廢棄物時，剛好跟家屬相閃身。你怎麼說話，正代表著醫院門面，你的形象就是企業文化的一部分。

我聽過對方不友善的喊著：「閃啦！閃啦！」也聽過爽朗的一聲：「請借過喔！」

前者從內到外充滿著怨懟，似乎把自己一生的不滿，找機會發洩在不相干的人身上。後者則是愛惜工作，把自己融入工作環境，把眼前相遇都當成是好厝邊，愉快的和人打招呼。他具有麗池酒店員工的氣質，他就像爲紳士服務的紳士。

如果你是清潔公司老闆，你的團隊都是「閃啦先生」，還是「借過先生」？你同意說話是一生修練的課題嗎？

然而，同樣要說借過，連續急促的喊「借過借過」，跟爽朗頷首的說：「請借過喔！」兩者是不是仍有很大的差別？

「像你們那種人」

家父在家可以自行走路，不需人攙扶，不需助行器，參與皮拉提斯課時非常投入，老師 Cindy 迭有稱讚。他無法久站，所以去醫院就診時，我會推輪椅帶他出門。有一次看完診後，平常包車的台灣大車隊司機因爲載客人到外縣市無法接我，適逢 Uber 甫推出 Uber Plus：以較高的費率，提供更好的車種跟評價更高的司機。我叫過幾次，印象不錯，所以我就再度點選 Uber Plus。

叫到車之後，因爲手機的導航系統有時沒辦法精準定位，我傳訊告訴司機於抵達目的地後，再往前開到相鄰的建築物，司機沒回我。

上車之際，我必須扶我父親從輪椅坐上計程車，還得火速拆卸輪椅放進後車廂，過程中，司機完全不打算出手幫忙。這是極少數司機的個人行爲，我不歸咎 Uber。

上車後，那位司機自己話匣子打開後，不是很友善的說了一句：「像你們這種人，可以去申請〇〇巴士，那個有補助……（接著是一串很籠統的建議）。」

如果你是我，你會怎麼看待他那句「像你們這種人」？

我沒跟他一般見識。除了由他駕駛之外，我們沒有多麻煩他。乘客上車，行李進後車廂，行李下後車廂，乘客下車，我都自己來。

辨析他言語間的眞義，是想告訴我們可以去申請登記可以把輪椅直接推上車，名爲「復康」之類的小巴士；但我父親能走能動，不需要百分之百依賴輪椅，我們壓根不想跟更有需要的人搶資源。

讓人覺得被嫌惡跟被關心的一線之隔，有時就取決於肢體語言、遣詞用字跟語調語氣。

話說得沒同理心，容易讓人對其專業能力打折扣。

同一天，我搭乘另一輛 Uber Plus 去芒果樹 49 號咖啡店。該位司機張大哥爽朗的打招呼，我感受到他的友善跟健康狀態，他確認目的地後，我請他照導航走，他說好，展現熱情跟專業，我立刻和該司機敲定了某個連假的台中－谷關來回行程。

有的司機也會問客人想怎麼走，客人說照導航後，他卻無厘頭的接一句：「其實導航都亂走。」讓人不知如何接話。

前述那個不專業的司機，我拒絕評分。我不滿意他的服務品質，但也不想給低分跟他結惡緣，希望哪天有人可以點醒他。

我不開車，一年需要搭的計程車趟數上千次。如果你是一位懂得把話好好說的司機，我就是你的固定客，國內長途旅行或機場接送，我就會找你；朋友問起，我也會推薦你。

「你好！」和「李董，你好！」的差別，是一份好工作

曾經有幾年，我固定在台中 TIGER CITY 購物中心（老虎城）的七樓運動

跟做SPA。

TIGER CITY 的七樓有一個知名的頂級影廳 GOLD CLASS，影廳隔壁就是一個健身俱樂部（已吹熄燈號）。過去我常去它的露天泳池游泳，需要放鬆的話就在裡面做SPA；SPA的品牌是 Angsana，隸屬國際知名的悅榕集團。裡面的芳療師技術都很高明，尤其是一位 Betty，全世界我給幾百位芳療師服務過，堪稱我心中唯二的 magic hands，另一位則是在新竹老爺酒店SPA部門服務的 Nina 姊。

台中 Angsana 讓我印象深刻的除了 Betty 之外，還有一位櫃檯人員 Simon。

對於使用俱樂部設施的會員來說（我非會員，因爲購買SPA療程需要使用館內的淋浴設備，所以我必須用一個優惠價格，加購當日使用館內設施的權限），櫃檯人員的角色看來簡單，似乎就是打聲招呼、確認需求和遞上置物箱的鑰匙。然而，進出了幾次之後，我發現 Simon 展現了他的不簡單。其他人都會說：「你好、午安！」但 Simon 似乎記得所有會員跟SPA常客，會一一打招呼；如果三位客人幾乎同時進門，他也會依照次序喊著：「吳校長，午安！」「楊醫師，來游泳對嗎？今天戶外飄小雨，要小心喔！」「高小姐，您的芳療師臨時家裡有事，會幫您安排另一位。」

我才在驚嘆他的這把功夫時，就幾乎沒有在櫃檯看過他了。有一次我就直接問一位主管，對方據實以告：「Simon 被挖角了。」某一位公司負責人，看上他會認人又勤奮，請他去擔任特助。Simon 不用上 104 或 1111 人力銀行，說話恰如其分，就幫自己的人生啓動了一段嶄新的職涯。

把話說得好，就是幫自己準備一扇晶瑩透亮窗，讓自己被看見。Simon 可以說自己臉盲，可以發懶，千篇一律的做例行工作，停在「把事做完」的狀態就好，因爲「把事做完」就可以下班。

但他選擇「把事做好」，展現了自己的價值，讓他自己跟伯樂都 value up。

請你自我介紹之後，講一個好故事

如果你想開始鍛鍊自己的說話能力，可以在自我介紹時，從說一個故事開始練習。

自我介紹，一定要看人、看場合調整內容，交淺不需言深。

有一次財報教學老師林明樟（MJ老師）請我去他的「超級數字力」的財務思維課年會演講二十分鐘，台下有福哥、憲哥、何飛鵬社長、管顧長青樹淑蓮姊跟MJ老師上過課、自各行各業而來的四百位學員。

我上台後，不過就是做好兩件事：自我介紹後，講一個故事。

這四百人中，可能有一百人認識我，三百人不認識我。我只有三十秒的時間可以說服這四百人，要他們相信後面的十九分三十秒，值得他們專心聽講。

我說我曾自費以「台灣是不是非得有核電？」爲題，在一年半內，環島演講兩百二十二場。後來台灣本島、綠島、菊島、香港九龍半島，各地都有人邀約我，我的足跡從舊金山、洛杉磯、聖地牙哥，橫跨溫哥華、多倫多、紐約等世界十幾個大城市，全世界共有幾萬人聽過我現場演講。

幾萬人是什麼概念呢？每天全台灣所有北上的高鐵乘客中，就有一個人聽過我演講。

過程中穿插了一小段粵語演講，我刻意放慢速度，解釋漢字不爲北京話所獨有，漢字可以粵讀，可以客讀，可以用河洛話來讀。我當場證明大家可以聽懂七成以上的內容，收尾的時候，我以「財報就是財寶」（粵語音同）做結。現場我還詢問有沒有香港來的朋友，眞的有人舉手，他證實我粵語講得不錯。

而我爲什麼要放上這段粵語哏呢？因爲上台前幾天，臉書上看到暢銷書作家余懷瑾老師發文詢問學習粵語的推薦教材，我便順勢告訴她，剛好我要上台，我就講一段給妳聽，證明有華語、台語底子的人，粵語絕對不難。

接下來我就把焦點轉回財報，我應用MJ老師所教的審視財報的方法，徹底分析一間好公司：毛利夠高、配息穩定、公司現金夠多等，現場給我很熱情的回應。

我演講過程中實測發現，上財報課的人多，下課自己動手分析財報的人少（先不論分析得好不好，光論有沒有著手就好）。我於是鼓勵聽衆，若有人可以一週內上傳自己分析的一份財報，我就捐出一台中古按摩椅當贈品，結果好友楊宇帆、龔建嘉紛紛助陣；前者捐了一百包鳳梨乾，後者捐了一百瓶牛乳給前一百位上傳者。我不擔心鳳梨乾的配送，但擔心牛乳的物流。不過龔建嘉的鮮乳坊果然走在時代前端，原來交卷學員是憑手機號碼去超商取牛奶，難怪阿嘉愈來愈成功。最後我們募集了兩百八十一份的報告，送了兩台按摩椅出去。

我想說的是，我大可以簡單準備，平鋪直敘的度過這二十分鐘，換得五秒鐘禮貌性的掌聲就好；但我反過來，用一個月去準備，榨出每天能用的每一分鐘去設計演講內容，穿插適當的教學手法，將每一個聽眾捲進來，而且讓他們成爲彼此的鯰魚，會後也願意動手產出，彼此觀摩。

我愈努力，就愈好運。

會後，好幾位德高望重的與會者，私底下請我吃飯，詢問有沒有合作機會。這不就再度印證我先前說的：「把話說得好，就是幫自己準備一扇晶瑩透亮窗，讓自己被看見。」

這個時代，並不缺舌燦蓮花之人，比較缺不綺語、不妄語、不兩舌、不惡口的社會風氣。

說話可以從跟家人練習開始，練習不要不耐煩、卸下壞情緒、換位思考，至於比較進階的增強口語魅力跟鍛鍊說故事技巧，《說出影響力》一書都有很具體的建議跟舉例。

寫作——

我手寫我酒，不怕巷子深！

陳立飛《寫作，是最好的自我投資》

• • •

沒錢買股？但你知道寫作是最好的自我投資嗎？

執筆之際，武漢肺炎正盛，舉世人人自危，觀察到某些人的做法，竟然想要借錢買股，聲稱「別人恐懼時，他貪婪」，想要大賺一筆。瘟疫除了讓我們失望、失眠，甚至壟罩在失業隱憂之下，還讓人失了心。

過去我們聽慣了「人潮，就是錢潮」，但疫情如火如荼，群聚視同犯罪時，人潮兩字此時聽來，反倒像警語。

此刻的街景，迥異於我們熟悉的任何一個時節，百貨、商店、餐廳、診所空蕩了不少，除了排隊買口罩，很多人因爲生意慘淡或放無薪假，其實都無奈的多了大把的時間。

身處大動盪時代，已退休便罷，若仍値壯年，想活下去，甚至活得比其他人好一點，我們就要比同行擁有更高的知名度跟指名度。我不談下廣告，我不談買假粉絲充數，而是談一個低成本且平常就能蹭點的好方法：「寫」出你的影響力。

港人陳立飛的著作《寫作，是最好的自我投資》，把如何寫出影響力鉅細靡遺的拆解，其中有篇文章的標題叫：〈混得不好，因爲知道你的人太少〉，這篇文章凸顯了知名度的問題。你到一個陌生鄉鎭，經營身心科診所，當地人諱疾忌醫，有不舒服也不知道什麼症狀適合找你看診，那業績怎麼會好？作者說，以前是「酒香不怕巷子深」的時代，現在是「酒香也怕巷子深」的時代。

無論你的職業爲何，及早寫出你的影響力，就能享受一篇篇文章所帶來的複利。

你不寫，沒人知道你在做什麼；你不寫出眞功夫，就沒人知道你的厲害。你好，得說出好在哪裡，眞切的審視自己，說得恰到好處。

這是一個人人該有臉書、部落格的時代。

記錄你的專業。無論專業爲何，都可一點一滴展現實力，把你自己當作一間一人公司來運作，把你的名字打造成一個品牌來經營。

以眞名示人的書寫，內容才能和眞名共振

台灣人很愛用臉書，活躍用戶數超過一千九百萬。

如果我們一生在網路上書寫的總能量是一百，我建議你把這一百份的發文能量，都留在你名下，不要浪費時間匿名去任何網路空間留言。

這一百份的能量，你留在臉書或部落格都好，至少都是集中書寫能量在你名下。

有些人把書寫和抒發畫上等號，他雖經營臉書，但發文都不是一段認眞的書寫，只是衝動的抒發負面情緒。轉個新聞，留個科科或呵呵，看起來很像思

考短路或宿醉者，然後吸引一堆頻率相同的人互相呵氣。

我插播一個有關餐廳訂位的故事。

如果你夠細心的話，應該會發現有些餐廳在你訂位時會要你留下姓氏，有些則要求得留下全名，這有什麼差別呢？經過統計，用全名訂位的顧客，九成以上不會失約，就算不能赴約，也會在約定時間前致電取消；但如果只留下姓氏，失約的比率就會大增，我們隱隱可以嗅出一個關鍵原因是：反正你（餐廳）也不知道我是誰。

因此，延伸這個微妙的道理，我建議臉書要用本名，或者是護照拼音的完整名字；有些朋友若長年在外商工作，選用工作上常用的英文名也無妨。這三者之外的任何名字，我覺得都有點奇怪。你知道別人是誰，卻不讓別人知道你是誰，這並不是朋友的往來之道。

彼此以眞名示人，就像是都穿著泳裝下水或都穿西服赴宴，若只願意用假名走跳，那就應該去人盡假面的化裝舞會。

以眞名示人還有一個長遠的好處，每當我們分享專業上的點滴或某個價值觀，都一再的跟我們的名字共振，這會讓我們的名字在別人心目中，分量愈來愈重。一開始每個名字在別人心中都是一棵樹苗，但它不會自然茁壯，你必須有所作爲，無論是分享專業或生活點滴都好，它才會慢慢成長。

舉「筆」維艱，如何動筆？

阿基是一位水電師傅，他經常在臉書上分享施工的小故事（徵得雇主同意，在保護雇主隱私的前提下爲文），多跟解決水電問題有關，半桶師仔（pòaⁿ-tháng-sai-á）會搞半天，他只要撥弄一個開關，一下就施工完成，難怪台諺說：「江湖一點訣，妻子不可說。」

他甫發文，在我心中就從一棵樹苗開始成長，隨著我讀過愈來愈多他工作的小故事時，這棵樹就逐漸茁壯，而其他水電師傅在我心中並沒有對等的分量。

當我有水電需求時，我找誰？我一定找他，他在我心中已經是一棵參天大樹了。

教數學的家庭教師、牛肉麵的私廚老闆、生前契約的銷售人員、大醫院的小醫師，通通都適用這個道理。

水電師傅一天若忙八個小時，總有一件值得書寫的小故事，這絕對不難。如果你是水電師傅，就想想你都跟好朋友怎麼聊工作，不就是從中抽出一個小故事而已。如果嫌打字麻煩，那可以錄音，然後把聲音轉檔成文字，稍作修改，就可快速產出文章。

《窮鬼翻身》一書作者、五洲製藥的董事長吳先旺就是一個經常用聲音轉檔文字的高手。他不識字，可是點子很多；如果半夜想到什麼點子，他就用錄音機先錄下來，天亮交給祕書打字，整理成冊。

現在有很多聲音轉文字的軟硬體，都可以幫助不擅長或不喜歡打字的人產出文章。

舉醫師而言，在保護病人隱私的前提下，一天當中也總有一則治療心得或一段對人性的觀察體悟。

分享治療心得，讓人感受你的專業；描繪人性觀察，讓人感受你的溫度。

我倡導的臉書寫作內容，不必標新立異，不必詞藻堆砌，就像作者陳立飛說的：「誠實，比新意更重要。」困難的是一開始養成每日書寫的習慣，不過一旦養成習慣，你就至少有三件事可以做。一、迴響特別多的臉書文，尤其是展現專業技術的發文，可以順勢整理成一篇網誌。二、當有人提出富有建設性的質疑，我們不跟對方抬槓，試著就在網誌文中的適當段落回答。三、隨著專業技術文章數量的累加，你可以再寫一篇文章，統合你這座城牆。文章寫得誠實不浮誇，靠一個個技術文磚塊，堆疊出你這個人，到時你的形象自然如銅牆鐵壁。

如果你已經有以上的認知跟行動，想再把這件事做得更好，想寫得更有人氣，更接地氣，還可以在以下幾個面向努力：

一、**顛覆認知**。譬如我詢問幾位內分泌科醫師得知，在台灣規則服藥、配合治療的糖尿病患約莫三成五。很多民眾口耳相傳一些錯誤觀念而拒絕吃藥，他們會說：「不能吃，吃下去就要吃一輩子了。」這個領域的醫師就可以針對這點去寫文章，顛覆他們的錯誤認知，才有機會把他們拉回規則服藥的軌道上。

二、**用戶思維**。很多醫師寫文章給民衆看時，還是沒有換位思考。如果想說服更多病患，就要懂得用講故事的形式去改寫，洗掉那股說教味。讓病患能不自覺的把自己套入主人翁的角色，覺得原來不規則服藥有這些壞處，會走上那樣的人生，那我還是規則服藥比較不會有併發症。

三、**細琢標題**。作者提醒「標題就能夠決定轉發率」，很多人以爲一篇文章寫好了，標題好像沒那麼重要，所以往往下了一個很平的標題。一首詩最關鍵的一個字是詩眼，那我們一篇文章最重要的精髓若濃縮成一句白話文，就該是我們的標題。

台諺說：「田螺含水過冬。」莊健隆博士曾解釋：「田螺棲息在淡水的河川或稻田。在乾旱時，牠就將自己縮入殼內，用厴（口蓋）封閉殼口，防止體內水分蒸發。進入寒冬前，牠便用厴當鏟子挖出洞穴、鑽入泥中，呈休眠狀態。一旦氣溫適宜，牠即刻把頭、腳伸出殼外，匍匐爬行，繼續生命旅程。」

承平時候，或是被迫放無薪假時，我們都可以利用時間書寫，一篇一篇整理出我們會做的事情、我們做得好的事情、只有我們能做好的事情。用這樣的心態整理、準備自己，即使遇到嚴冬，我們也能安然度過。瑞雪過後，我們將能奔馳前行。

自律——要事第一、自我管理第一人

史蒂芬·柯維《與成功有約》

柯維生前著作等身，聲譽斐然，不識者譏他爲成功學大師，以雞湯一詞概括他的種種創見。不過，若以如此偏狹的角度定調，可能會錯過他許多重要的觀點。

他自謙所述非創見，只是整理前人智慧，我不這麼看。自古以來談時間效率、自我管理之人所在多有，談得扼要又發人深省的，柯維是當中的佼佼者。他擅用簡單道具，在短時間內釐清重要觀念，還讓人終身牢記。

他提過的觀念中，至少有三個，我認爲非常值得內化成自己的行事依據。

要事第一

過去在接觸其作品的過程中，我被他一段名爲「認識時間管理的排序重要性」的影片內容所震懾到。

影片中他在一個上百人的演講場合侃侃而談，他引導一位女士，問對方是否身陷一堆小事中？女士的答案跟你我一樣：「是。」他一邊解釋、鋪陳時，把一堆綠色小塑膠球，倒進一個空盆中，他說這些塑膠球好比是生活瑣事。接著，柯維請女士把幾顆稍大一點的石頭也放進這個空盆中，但不能超過空盆表面。不能超過的理由是：空盆內的空間，象徵上帝公平給我們每個人的二十四小時。

擺放過程中，女士不得不放棄一塊名爲「sharpen the saw」的石頭，直譯是：磨利你的鋸子。我用一個小故事來詮釋：有一個樵夫用一把鈍斧頭，砍柴砍了六小時，他雖自知斧頭鈍，但他不知道，如果他花一個小時把斧頭變銳利，無論用磨刀石或乾脆花錢買一把新的都好，他可能只要再花兩小時就可以砍完本來六小時才能砍完的柴。

在工作或生活上，很多地方我們都可以花點時間「把斧頭變利」。如果我們沒有轉念，屈就老舊工具、軟體、設備，長期來看，我們將耗費更多金錢跟人力。

回到那位女士身上，她無法完成任務，擺放石頭到最後，仍有很多大石頭突出小塑膠球表面。大石頭上各自貼了一些說明，代表我們生活中的諸多重要事項：「就業」「假期」「關係跟家庭」「服務、社區、教會」「計畫、籌備、預防、授權」。意思是說，如果我們的時間被瑣事所困，就不敢放假，也沒有心力去經營家庭關係等更重要的事情。

柯維繼續引導那位女士，暗示她可以換個方法，重置這些大石頭跟小塑膠球。此時女士似乎靈光一閃，眼神望向桌上另一個空盆，這時她決定先放進所有的大石頭，然後再依序放入小塑膠球，最後她成功完成任務。這表示她領略到，如果重要的事先做，剩下的時間仍足以完成其他小事。此時全場歡呼，你可以發現，所有觀眾都很享受這個「Aha Moment」。

在影片中，柯維藏了一步，他雖語帶肯定的和那位女士互動：「你是個親力親爲的人。」（You are a hands-on person.）其實柯維的觀念反對人們事必躬親，他強調要懂得拒絕跟勇於授權。成功的人一天也只有二十四小時，但是他們懂得在該說不的時候說不，也比我們更勇於交付任務。

時間管理矩陣

柯維用的道具其實只有空盆、小塑膠球與大石頭。影片裡大石頭中的兩塊：一個是「第二象限」，一個叫「第一象限」。這是柯維另一道招牌菜：時間管理矩陣的內容。

柯維用四個象限來釐清所有事物的調性，兩條軸線分別代表緊急跟重要程度，交織出：緊急且重要、不緊急但重要、緊急但不重要、不緊急也不重要，共四個象限。

第一象限代表緊急且重要的事情。影片中的例子是：需立刻回覆最大客戶訊息，不然會……

第二象限代表不緊急但重要的事，也就是影片中說的計畫、籌備、預防、授權類的事情。

影片中沒有著墨的第三、第四象限，就是那些小塑膠球代表的事情。

柯維詮釋很多人把時間花在緊急但本質不重要的事情，被事情的急切性牽著鼻子走，而花掉了時間；相對重要但不急的事卻選擇擱置，擱置久了，不急變成急事，結果要花更多倍的時間才能完事。柯維鼓勵大家捨棄第三、第四象限類的事情，投注心力在第二象限那些重要但眼前尚不急迫之事，這才是個人管理之鑰。

關注圈 vs. 影響圈

柯維曾提過「關注」一詞，我們可以想像這是社群媒體按下「關注」某人的概念。關注下個月會不會獲得加薪？關注武漢肺炎肆虐期間的股價漲跌？關注大樂透能不能中獎？

加薪與否、股價漲跌、流感疫情，都非操之在我。很多人希望有夠用的退休金，希望世界不要有戰爭，希望匯率不要變動太大。凡此種種，都可視爲關注圈內之事。關注圈內問題的調性，我們只能遠眺。你再關心美、中議題，美、中貿易戰也不可能因你一人而改變開打與否的既定態勢。所以一個整天談中論美、卻絲毫不改變自己的人，他心力都放在關注圈，而非影響圈。

而柯維說的影響圈所指涉的事情，我們可以理解為：那些操之在我，我的作為可以決定結果的事情。也許這個結果小到近乎不起眼，但扎扎實實的由我百分之百所影響。我若不抽菸，家中長輩、稚童在家中，就不可能因為我而吸到二手菸。我們可以控制自己不抽菸，不碰檳榔，把心力投注於自己能有所作為，或約束自己有所不為的事情。最後的結果，會讓我們得到影響圈內的理想結果，以此例來說，就是健康。

我把心力主要放在影響圈的人稱為**「影響圈型人」**，這型人遇事反求諸己，凡事總問我還能不能多做一點什麼；而把心力主要放在關注圈的人名為**「關注圈型人」**，這類人最擅長談天論地，甚至指天罵地。

關於退休生活，這兩種類型的人從年輕時的思維跟行動就截然不同。影響圈型人的心力會花在：及早規畫房貸、壽險、儲蓄、定期買一筆ETF。關注圈型人則會花很多時間跟朋友討論，政府應該怎麼打造出一個理想國，或者養老院收費應該一個月多少錢，要讓百姓付得起云云。

闞又上先生的大作《為什麼你的退休金只有別人的一半？》有很多好觀點，閱讀的時候可以檢視自己的切入點是偏向關注圈型人，還是影響圈型人。

台灣很多學校的校務基金是放郵局定存，投報率在一%上下，連通膨都追不過，伊利諾或耶魯大學的校務基金則有六%到一三%的年均報酬。（成大前校長賴明詔曾分享：「相較美國大學在景氣好時獲利可以超過二〇%，台灣的大學在景氣好時，還是只有二%，差距很大。」）

若從校務基金縮小範圍來討論社區管委會基金的話，我曾經天馬行空的想過，如果我以前住的社區，在近年幾度的低點買下0050，他的配息就可以讓大家的管理費至少打對折，再過幾年甚至可以免費。當時我的想法很像是關注圈型人的典型想法：希望別人去做一點什麼改變，以達到我的願望，己願他力也。

那麼，影響圈型人會怎麼做？他會開始自己存下0050，如果你從二

○○五年到二○二○年，就算每年都用當年度最高價買一張００５０，你總共需要花一百一十三萬元，最後你會有十六張００５０，股利以三元計算的話，你一年的配息大約有四萬八千元，這已經足以支付一個月管理費四千元的社區。而且你終身不用再掏自己的錢就可繳管理費，股息足以勝任。

如果我們把這套方法一個一個說服社區裡的住戶好友，愈來愈多人如法泡製，甚至共識可以強大到讓住戶大會通過每年都把社區裡的閒置資金購置００５０（甚至是美國的ＶＴＩ），眞有一天，股息就能幫我們繳清管理費。

思辨——

以公民之眼看待健保問題，對切身議題審慎思辨

（張鴻仁《二〇三〇健保大限》）

•••

健保署曾於二〇二〇年六月八日公告八大類特殊醫材自付差額上限，近九成醫療院所目前收費超過健保核定費用都須下調，新制於同年八月一日上路。

新聞既出，輿論炸鍋。醫病兩造，反對者眾，遠遠不只是相關科別的醫師，眾醫師基於自己將來也可能成爲病人而高聲反對，堪稱有史以來跨越最多科別及年齡層的一次聲浪大集結。

議題正夯時，我受「思想坦克」的主編晏山農邀稿，曾爲文〈我有一個惡夢：藥商、醫材商棄台灣市場，台灣醫師遠走他鄉〉剴切陳詞。

一個乍聽之下想替百姓省錢的政策，爲何反對聲浪四起？

政府進行政令宣導是對的，而公民認爲施政不利國家長久發展而發聲，也是對的。

健保開辦二十五年，千瘡百孔，急需總統召開健保國是論壇，徹頭徹尾的檢討整個組織架構、太上皇機關健保會的代表選拔制度、健保費率、保險範圍，以及最重要的：讓國外醫材商、藥商願意進入台灣這個市場，把貨賣進台灣。

這次健保署第N個錯誤政策終於引爆衆人之怒。若以張鴻仁教授大作《二〇三〇健保大限》一書內容來討論健保，將最有機會、最有效率的凝聚衆人共識。

張教授畢業自陽明醫學系，取得哈佛大學衛生行政碩士學位，曾任衛生署副署長及健保局總經理，目前服務於生技產業。他了解官署的能耐，同感醫師的悲哀，更有從商經歷，了解商場世界裡引擎如何才能運轉，端出的服務或產品如何不至於被淘汰。

學養遠不如張醫師的官員，無法想像什麼政策會趕跑醫生，什麼政策會嚇走廠商。

醫師詐健保？民眾逛醫院？是誰在浪費？

張教授持論：「過去二十年來，我最常聽到對全民健保的批評就是浪費。這個問題沒有仔細討論，無法解決所有人對健保的心結。」

張教授提及：「（西元）兩千年，中央健保局的兩位法務與稽查專家劉在銓與葉鑫亮蒐集了一九九五年至兩千年間健保局查核到的醫療違法、違規案件，在全國六千家特約醫療院所中，每年平均約兩百六十家左右被抓到。」

不到五％的診所違規，只要拿其中一間的新聞做成頭版，社會對醫師的刻板印象就會繼續惡化。

許多針對違規院所的懲罰，只是停止健保特約幾個月，不痛不癢，等於鼓勵再犯。

而申報時的小疏失跟蓄意造假請款、詐保，並非雌雄莫辨。

譬如診斷碼如果鍵入相鄰號碼，申報費用也相同或更少，這是極小的行政疏失，不需重罰。但如果醫師老到臥床，結果牌照出租，實際看診者又無醫師執照（可能醫學院畢業未考上，或者沒讀過醫學院卻如《神鬼交鋒》的主角扮成醫師看診），這就是詐保了。這種情況，除了吊照，別無他法。但這還沒做到防患未然。

舉國醫師的資料都在政府手上。年紀愈大，愈可能租牌牟利。衛生單位本來就有義務關心高齡醫師健康，大可實際就診確認是否爲本人看診與其看診品質，如果已在安養院或在家臥床，那何不提早給彼此台階下，請對方乾脆「登出」醫師公會。租牌牟利者若無利可圖，健保資源不就因此省下？

至於患者的浪費問題，張教授提及二〇一三年健保署曾發新聞稿〈八成民衆認爲自己或家人沒有醫療資源浪費，近七成認爲別人有浪費〉。

民衆本性貪小便宜，很多人根深蒂固覺得不看白不看，稍覺得不舒服，就去診所拿藥，吃了一包，藥效濃度尙在上升，他一旦認定改善得慢，往往當日就換診所，再不好就去醫院，醫院換過一間間。

根據教授書中所述，其實台灣有一千萬人很珍惜醫療資源，只消耗了六·

九%的健保資源，平均一個人一整年才花兩千塊。

考量民情，一下子要學美、日轉診制勢必有困難，但可從小改變做起，譬如今天到A診所看感冒，最快要三天藥吃完後才能到B診所再看診，否則B診所的花費就得自費，杜絕藥物浪費，校正短期內重複看診的就醫習慣。

健保該保多大範圍，醫療費用占GDP多少百分比，絕非「不能拿來比」

滕西華小姐受《聯合報》訪問時表示：「全民健保開辦二十五年，不是應該讓民眾不必再買醫療險才能治病嗎？怎麼會讓民眾反而要買更多的醫療險來保命？」

這種觀念誤導民眾甚深。

試想，如果在美國有一種商業醫療保險，涵蓋所有疾病的治療（涵蓋自費醫材、自費藥物），那種保費會是何等天價？

以台灣健保費之低，目前還勉強能涵蓋諸多疾病，這是建立在很扭曲的給付制度上，怎麼可能還想全包所有疾病的治療？

而健保署副署長蔡淑鈴接受《天下雜誌》的訪問時，記者問：「醫界常說，給付在台灣是一、兩萬台幣，但在美國是一、兩萬美元。」蔡副回答：「如果有人跟你講這個，你可以跟他說，美國花的醫療費用是GDP的一七％，我們是六．六％。美國是世界的異常值啊，他們的價格是不能拿來比的。」

官員脫口「不能拿來比」，剛好解釋了爲何醫師普遍不信任官員。美國的盒裝牛奶價格跟台灣的誰比較貴？怎麼不能比？世界各國的清潔工工作幾分鐘，可以買當地一公升的牛奶，這都可以比，怎麼會不能比？

口出「不能比」，沒脫口的，就是希望你不要比；不要比，就不知道；不知道，就沒煩惱。當愈來愈多人客觀且全面的比較後，就會發現現行制度根本嚴重剝削醫療從業人員，他們用燃燒殆盡的狀態在上班。官員嘴上念經，舉手投足卻都在殺雞取卵。

不比美國這個以舉世最高GDP來支撐醫療支出的國家，還有張教授提及的第二名瑞士可以比，也達十二％。縱使以OECD（三十六個市場經濟國家組成的國際組織）來論，也高達十％。

原廠藥不進台灣已是現在進行式！

爲何我一再倡議舉國必須進行健保制度的總檢討？因爲不是再等健保署擴權，原廠藥物、醫材才不願進來，而是這已經是現在進行式。

皮膚科醫師邱品齊在臉書上分享已經消失的原廠藥至少有：Airol（Retin-A）、Cutivate（Eumovate）、Cleocin-T Topical Solution、Isotrex（Isotrexin）、Tazorac（Zorac cream）、Polytar、Clobex Spray、Triluma Cream。

後線抗生素泰寧在一九九五年健保開辦時就加入給付，當時一劑價格爲九百九十五元，連年調降，去年只剩下三百三十二元，結果美商默沙東藥廠發出聲明，表示因健保價格連年調降，導致成本不敷進口。

健保署讓藥進不了台灣，我的臉友也有切身之痛。金融法制暨犯罪防制中心董事長邵之雋曾受TVBS專訪表示：「我兒子之所以今天會做骨髓移植，是因爲本來他可以做免疫療法，那免疫療法有一顆原廠藥退出台灣，你要用這個比較好（免疫製劑），就不用做骨髓移植了，那用現在健保署給付的（免疫製劑），從醫學雜誌表現來講，它的治療效果是比較差的，差到你還不如直接做骨髓移植。」

藥進不來，有多嚴重？很多人見他人慘況，同情共感，同悲共苦；但很多人沒痛到自己，就事不關己，冷血旁觀。

與其公告醫材價格，不如公告完成一個手術的總花費

健保署成立醫材網，羅列國內醫院醫材自付額的差異，資訊公開，各方讚許聲多。然而，爲了辯護自費醫材的天花板政策，《聯合報》報導，衛福部竟然認爲是因爲「部分品項與國外價差過大」，所以要推出此政策，眞是滑天下之大稽。

試問你有可能走到日本東大附設醫院或美國麻省總醫院門口，說你要買一顆人工心臟嗎？誰要賣你？賣了你能自行安裝嗎？

看診、檢查、開刀、住院、門診追蹤，這是一整個完整流程。如果要比較，衛福部可以比較台灣人留在台灣某醫院、換人工心臟的費用，赴日本、美國做

一樣治療的總費用，連抽一管血的費用也拿來比較加總，這才有意義。

王英明醫師寫過一個故事。有個台灣人移居紐西蘭，魚刺哽喉，就醫後被告知轉診，無奈耳鼻喉科醫師去度假；結果他買機票回台灣，兩小時問題解決，還順便探望親友。看了這個故事，你就知道台灣的診療費、技術費被核定得有多低價，低到國外僑胞買商務艙機票、回國看診都划算。

針對非醫療從業人員的朋友，我講一個對醫界稀鬆平常的事情，但你們聽到可能會下巴掉下來。如果台灣醫療院所幫你驗白血球數值，只能申請健保點值二十點，打八折就是十六元新台幣；在美國的急診室，很多醫院帳單上光這一條的費用是兩千元新台幣。

以一個國家的立場來說，其實做法很簡單。只需要讓國外廠商不放棄台灣，願意把商品賣進台灣；讓醫療人員的診察費、技術費跟上國際水準；讓百姓生重病時，有最基本的照護，而當百姓想自費購置較好的醫材時，有材可買，有藥可醫。

政治人物都會講幸福台灣。謝長廷甚至曾以《幸福台灣》當成競選總統時的主題曲。

幸福台灣有一個前提，有幸福的醫護，才有幸福的台灣。

Chapter 2
開創新局，有賴觀察省思

創意——

一本書讓我們的創意從無到有滋長

楊傑美《創意，從無到有》

• • •

一九九四年，陳定南競選省長。省長的競選範圍是將台灣本島扣除北高兩市後，加上澎湖，幅員廣大；因此許多交通要道需要架大型廣告看板，各縣市都需要成立競選總部，有總部就有工作人員的需求，來賓光臨就得奉茶，再節省的候選人，免不了都需要一筆大開銷。

陳定南並沒有大財團支持，工商界都押寶另一位候選人。如果不想跟金主低頭，只能走小額募款的路線，但是短時間要有效率的募到大筆款項，才有薪柴勉強打一場選戰。如果你是主帥，該怎麼辦？

這時候，發揮創意得以添薪柴、打選戰。

陳定南的團隊大膽推出一種新型態的募款：陳定南省長紀念券，面額有：一萬、五千、一千、五百元，共四種。

陳的團隊分析陳定南的支持者有經濟能力較好及普通的，所以把紀念券設計成兩種：一種無償，買了純粹當紀念，就是一張收據的意思而已；另一種等選後陳領到選舉補助款之後，據此讓民眾兌換等值金額回去。

陳定南得票數只要達到當選者的三分之一以上，就可以拿到每票三十元的選舉補助款，所以他絕對可以兌現這張對於死忠支持者的支票。

選後陳定南親自統計，「可兌換」的紀念券賣了九千五百一十八萬八千五百元；有些人雖然買了「可兌換」紀念券卻沒有兌換，退還給民眾的計有六千四百萬零五百元；結果還有一千三百萬結餘，他將三百萬拿來處理雜項支出，一千萬捐給緊接著要張羅總統大選的彭明敏、謝長廷的競選總部。

選前創意募集策略奏效，遠水的確救了近火，選後錢的流向也清楚明白，難怪陳定南讓人懷念迄今。

創意可以讓選舉募款加速達標，牽動百萬人情緒，讓整場選舉加溫沸騰。

在這個悶壞了的年代，各行各業都需要創意。

出版業需要創意。《朝一座生命的山》一書用白話談佛法，封面採用種子紙，左上角小窗上印有燙金佛像，可以拆下，鏡面紙襯著種子紙，這樣的效果，讀者彷彿從小窗可以透過鏡面紙的反射看見自己，強烈暗示：佛法就是一條往內在探索的路。

道格．迪雅茲（Doug Dietz）是奇異公司工程師，是磁振造影儀器的專家。當他發現小孩害怕機器，會狂哭，超過八〇％的小孩得服用鎮靜劑才能完成檢查，他嚇壞了。起初機器的設計沒有考慮到孩子的恐懼感受。於是，他重新設計、改變機器帶給使用者的內部環境（用迪士尼的思維重新設計空間）跟機器觀感，把接受檢查變成一場勇闖海盜島的冒險。從設備到人員，無一不設計的跟海盜有關，這下小朋友樂壞了！需要服用鎮靜劑的小孩，從八〇％下降到一〇％。核磁共振還是核磁共振，但整體來說，小朋友得以承受更少風險完成這個檢查，誰說醫療不需要創意？

因襲舊習慣跟發揮新創意如果二選一，大家應該都會同意發揮創意比較好，可是論實際作爲，大多數人是不是仍選擇因襲？

爲什麼？因襲的優點是不用多傷腦筋，照前人留下的方法步驟，一步一步做完就功德圓滿；就算做錯，也有「以前都是這樣做」的盾牌得以護身卸責。

創意其實沒那麼遙遠，不那麼罕見。《創意，從無到有》這本書就是告訴你，創意往往不是「大地一聲雷」，它更像是每一次都站在前人的肩膀上做出一點改變。

這本書已經問世六十五年，作者楊傑美是名聞全球的廣告界大家長，這本著作他自謙是一本小書，可是非常耐讀。

創意很像傳奇故事裡突然出現的南太平洋島嶼

作者引了一段古代水手口耳相傳的小故事：「在那些航海圖上標示爲深藍色的海域，有時候會忽然冒出美麗的環礁，其四周瀰漫著奇幻的氛圍。」

有些人認爲點子的產生就像這些環礁悄然浮起。

事實上，環礁的浮現其實是海面下無數珊瑚經年累月的成長，在最後一刻升出海面。

對創意有所誤解的人，認爲創意就是隨機的在那「一刻」的突然閃現，可遇不可求。

正確理解創意的人知道，如果想擁有源源不絕的創意，就該鍛鍊讓珊瑚成長的基本功，如果珊瑚能快速成長，那環礁浮現的機會也會大增。

因此，作者定調：「創意的生產，跟福特汽車的製程一樣明確。」

簡言之，不必期待靈光乍現，只要熟悉創意生產的技術跟製程，我們就能常常產出創意。

創意就是重組舊元素

作者說創意生產有兩個原則：「創意就是重組舊元素」「有能力看到不同事物間的關連性」。

血統主義者認爲一切事物都該各從其類：果汁就是果汁；咖啡就是咖啡；氣泡水就是氣泡水；如果要他們設計一款新果汁，他們可能會設計出一〇〇％純果汁、濃縮還原果汁、綜合果汁等產品。

如果有人試圖推出一種果汁氣泡水，他們就會說：「這根本不是果汁，從來沒有人這樣做果汁類的產品。」

然而，看到機會的人，重組了果汁和氣泡水這兩個舊元素，考量此二者的相關性是都能解渴，都能用玻璃瓶來販售，是有潛力的「混種」。

「從來沒有人這樣做」的評價或許帶著些許指責的口吻，卻往往是勇於跨界、重組舊元素的創意。

血統主義者主張，一切事物存在著一個不可變的正統，偏離這個正統，就認定其爲不可思議或無法接受。

其實混搭就是發揮創意的一種方法，混搭成功，撐得起一個小衆市場就可謂之成功；若能引領風潮，則是大大成功。

現在市面上可買到氣泡果汁，也有氣泡咖啡的選項。其實，連在直覺上不大可能存在的咖啡果汁，都有老牌公司推出這種商品。這些重組舊元素的嘗試都是很棒的創意。

近來，許多台灣人在臉書上，抱怨日本人怎麼可以把粉圓當成食材，讓它出現在各種食物（比薩、蛋糕、可麗餅）上，而發出陣陣哀號，其實這正是血統主義作祟，古板的認爲珍珠只能躺在奶茶裡面。衆日本人的舉動，實踐了重組舊元素。

生產創意第一步：替你的腦袋蒐集原始素材

作者主張產出創意有方法，這方法有五個步驟，必須按部就班。很多人對第一個步驟敬而遠之，希望靈光直接一現。

想跳步驟而沒辦法產出創意，往往都是因爲不在第一步驟上下功夫，第一步驟就是：替自己的腦袋蒐集素材。

素材分爲跟工作主題直接相關的**特定性素材**，以及跟主題相關性較低的**一般性素材**。

譬如以雞蛋來說，特定性素材指的是，跟生養蛋雞或跟蛋的營養有關的資訊；一般性素材則是指生活或時事的一般性資訊。銷售雞蛋的廣告創意往往就是重新組合一般資訊跟特定資訊，作者用「萬花筒裡的碎片愈多，他可能組合出的型態也就愈多」，再度詮釋這個道理。

蒐羅素材才能咀嚼，咀嚼後就可以產出創意，然後修正、微調，符合最終用途。

作者舉其親身經驗再度說明，他曾在新墨西哥置產，且對西班牙語、印地安人的生活、西班牙裔的歷史、原住民手工藝品和風俗產生興趣，因此累積了許多特殊性素材和一般性素材。最後他綜合這些素材，撰寫文案，用郵購銷售手工領帶，締造不俗成績。

他強調，沒有對眾素材的「厚積」，哪有後來銷售文案的「薄發」。

《創意，從無到有》一書，提供我們步驟、指引和信心，讓自己腦中的珊瑚礁們快速生長，浮出水面。

創新——

正確理解創新，辨別地雷黃金

克雷頓・克里斯汀生《繁榮的悖論》

談起創新，很多人會想到地位崇隆的思想家克里斯汀生，《繁榮的悖論》一書是他送給世界的最後一個禮物。任何一個如日中天或卡在瓶頸的人翻讀，一定會得到啓發。

本書既是一把手術刀，也是一台顯微鏡。他像一位外科兼病理科醫師，爲多國解剖病灶，凝視切片的細微變化。他分析爲何某些國家長年臥病在床，也探討某些國家由臭不可聞，竟走向風度翩翩的紳士之道。

他談國家成敗，也談公司興衰。他化繁爲簡的解釋，小公司的成功，會變成大公司；大公司的成功，會帶動其他公司的成功，牽動整個國家的命脈。

本書把創新分成三類來談，讓人恍然大悟為什麼有些企業看似辛苦耕耘，最後卻徒勞無功。

本書也解釋了為何在非洲村落鑿井，最後往往草草收場。這並非極端個案，非洲有超過五萬多口廢井。一口口廢井，像極了全台各地的蚊子館，當初投注了大把資源，但經營上因為種種原因而後繼無力，更別說能帶動周邊經濟。

你戮力付出的，是不是「無法促進成長的創新」？

克里斯汀生把創新分成三種：**持續性創新**、**效率性創新**、**創造市場的創新**。

持續性創新好比是立頓公司開發了新口味的茶包，向既有消費者招手，「這種創新不是為了吸引新的飲茶顧客，它們在性質上是可替代的」。

也例如哈根達斯企業開發芋頭口味冰淇淋，對那些本來就不愛吃冰淇淋的人來說，大概不會因為有芋頭口味就貿然嘗試冰淇淋，但對嗜吃哈根達斯的香草口味的鐵粉而言，本來快吃膩了，卻可能因芋頭口味上市而因此繼續嚐鮮。

這種創新在意義上，以鞏固既有消費者的支持居多。

效率性創新是什麼？

效率性創新是「讓公司用更少的資源做更多的事情」，譬如診所本來聘請兩位藥師，後來改爲聘用一名藥師，以及增購一台YUYAMA包藥機。本來是兩位藥師協作，現在是讓一位藥師操作機器，發揮一加一大於二的效果。

作者詮釋這種創新「不見得對現有的員工有利」，信然，上述例子中，若往這種方向前進，現有員工之一就得另謀高就。

他提及資源開採業需要投資效率性創新，「以美國爲例，一九八〇年，石油和天然氣開採業約有二十二萬名員工，生產約八百六十萬桶石油。到了二〇一七年，該產業的員工數減少了三分之一以上，只剩約十四萬六千人，但每日產量增至九百三十萬桶以上。」

結論就是：「持續性創新和效率性創新都無法促進成熟市場成長。成長需要來自創造市場的創新。」

然而，創造市場的創新是什麼？

望文生義，就是創造了新市場。新市場服務了「無產品可買的顧客」，或是「基於多種原因而負擔不起或無法取得既有產品的顧客」。

用簡單的例子彙整一下：台南某間現宰牛肉湯店如果購置一台洗碗機，這算效率性創新；店家如果做了一些改變（宣導營養價值、突破宗教禁忌、改變農業時代的觀念），讓本來不吃牛，或者說不知道牛肉可以這樣吃的一群人變成常客，那就是創造市場的創新。

聞「零消費者」的市場，你嗤之以鼻，還是準備插旗？

前英國電信總監莫．伊布拉欣（Mo Ibrahim），二十年前萌生在非洲創辦電信公司的點子，周遭盡是反對聲浪。當時的非洲人大多沒用過電話，但確實有強大的通話需求。書中舉了一個例子，跟媽媽通話的代價是「先奔走七天的路程」，當然，你還得走回去。

不考慮進軍非洲電信業的同行，擔憂的是不安全的商業環境跟付之闕如的基礎建設，但伊布拉辛則看到了機會，做好了準備。

作者拆解了這種機會的長相：「潛在消費者亟欲在生活的某方面獲得進展，卻找不到他們負擔得起、可取得的解決方案。」任何一個成功在「零消費者」的市場攻城掠地的企業英雄，辨識機會的長相後，就開始匍匐前進。

不難想像，伊布拉辛遇到的障礙重重。沒電的地方，他沒時間等政府慢慢來，得自己著手供電；沒有物流支援，他得開發自己的後勤；缺教育或醫療資源，他得提供培訓；無路可走就闢路，或調派直升機支援運輸。

他不只把電信服務帶到非洲，他還把（爲了支應電信服務的）電力、物流、教育、醫療都給帶進去；時間軸再拉長一點來看，他打造出一個更燈火通明、更貨暢其流的非洲大陸。

手機用戶一旦拉上來，下一步就能應用網路銀行跟線上教育。如果循傳統思維，籌建銀行、學校，可能得投入更多倍的資源，卻不見有更顯著的成效。

把握零消費者，開創商機的人，台灣人湛聿晃也是一例。他發現伊拉克人使用容易鏽蝕的鍍鋅水塔，水質容易造成重金屬中毒，導致當地洗腎者眾，經過一番波折跟努力，他手握大把訂單，成功把台灣水塔賣進中東。

「我的零消費者」在哪裡？

本書給人最大的啓發就是去思考「零消費者」的市場何在，在後武漢肺炎時代，對各行各業格外有參考價值。

如果我們所處產業能做的創新，多偏向持續性創新或效率性創新，我們應該心裡有數，當下可能處於獲利的瓶頸，或甚至要走下坡了。

如果我們的專業面向面對的是一個「零消費者」的市場，那我們更該在「創造市場的創新」上大展拳腳。

四十多年前，當街頭巷尾看病還習慣到西藥房拿藥時，如果你開一間診所，就是挑戰「零消費者」的市場。

而當三步一診所的時代到來，你還開設診所跟人搶看感冒、肚子痛，這只是在紅海裡面廝殺，你做任何努力都談不上是在「創造市場的創新」。

多年前祖母過世時，大伯張羅喪事，當時基隆的殯葬業者就那麼幾間。精明如大伯，喪禮結束算帳時，他發現祖母的棺材費用被重複計次。其他外地親戚過世時，家屬也總手忙腳亂，臨時找些不專業又嗓門大的業者，對其任何建議，言聽計從。一場喪禮，往往辦得人仰馬翻。

偶然間我得知某生前契約公司說明很詳盡（當然也要找到能積極任事的業務員），收費也平實，還可分期付款。由於父母親都不忌諱，甚至贊成我先做安排，屆時他們百歲，我可以用最有餘裕的身心狀態去處理他們的身後事。跟業務員陳博士詳聊下，我得知全台灣大約六％左右的人購買該公司的生前契約，這正是一個「零消費者市場」。

另外一個例子是隱形牙套。亞洲人的牙齒排列比較亂，現在的矯正技術使用隱適美隱形牙套，對患者來說，遠比以前一口鋼牙的矯正技術更有吸引力，這也是一個「零消費者市場」。

其實不只是上述的自費醫療，思索「零消費者市場」「創造市場的創新」一樣可以應用在有健保給付的項目上。（這都是合法、合理的想法與做法。）

如果某一個鄉鎮，白內障發生率高，開刀的接受度又低，我若是眼科醫師的話，就會放棄在都市裡跟同行競爭，前進這個鄉鎮，著力在「創造市場的創新」。我最該做的就是努力改變他們的就醫習慣，讓他們知道患白內障，接受開刀的好處遠遠大於視野模糊所帶來的生活不便，當他們一轉念，潛在消費者就變成消費者。

現在我想問，針對你的專長，你的「零消費者市場」在哪裡？

流行──

引爆趨勢有公式，催生一場新流行，阻斷眼前壞趨勢

麥爾坎．葛拉威爾《引爆趨勢》

《引爆趨勢》一書讓作者葛拉威爾打響名號，其後的著作：《決斷2秒間》《異數》《大開眼界》依舊引領風騷。

作者的核心立論在探討引起流行風潮的關鍵，「流行」的主體可能是牽動國家命運的一場事件，或是一樣商品，甚至是疾病、犯罪、治安問題。細究其「引爆點」，他提及三大關鍵爲：「少數原則」「定著因素」及「環境力量」，當條件齊備，驟變就會發生。

根據作者的立論，我覺得可以化約成一個公式：**趨勢＝少數原則×定著因**

素×環境力量。

每股一發不可收拾的趨勢，三大關鍵權重不一，有時定著因素最重要，有時環境力量的角色吃重些。

好的趨勢，我們可以複製其方程式，催生下一個成功。譬如熱賣的商品或慈善募集。

壞的趨勢，我們可以拆解其方程式，阻絕惡的孳生。譬如敗壞的治安或性病大流行。

若沒有抽絲剝繭、釐清關鍵條件，我們對大流行的肇因往往不明所以，若眼前的流行不打擾生活主旋律便罷，但負面主題引起的大流行，恐怕影響生活甚鉅，甚至讓我們對前景感到茫然。

少數原則

作者引用流行病學家約翰．帕特瑞特（John Potterat）之言，分析科羅拉多州科羅拉多泉的淋病大流行，其中有半數病例來自僅占六％人口的四個地區，而這六％人口中有一半都在六間酒吧遛達，他繼續訪查這七百六十八位感染者，發現其中一百六十八人曾傳染淋病給兩到五個人，其他六百人只傳染給一個人或沒有傳染給別人，也就是說，那一百六十八個人就是淋病大流行的keyman。

keyman可再細分爲：**連結者、專家及推銷員**，最有趣的是連結者這樣的角色。

連結者意謂三教九流都能交陪，他涉足不同圈子，還有本事串聯彼此。他個性外向、精力充沛、自信滿滿，對萬事萬物都永保好奇。

你可能覺得那種友情只是泛泛之交，對，但泛泛之交不只是點頭之交，他們本質上和我們屬於不同圈子，也比較可能知道我們完全不了解的事物，因而能促成一些合作機會。

一間餐廳爆紅，往往是因爲一位連結者用餐後的分享，作者稱連結者爲「泛泛之交的大師」。大多數人不會花時間經營泛泛之交，但連結者拿捏恰如其分的距離，以及比一般人多一點點的關心來經營這些友情。

譬如說，你上次寫卡片給泛泛之交是什麼時候？你忘記了，因爲你根本不會寫卡片給泛泛之交，但連結者會。他能夠從和泛泛之交的往來發現意義跟樂趣。

像我的小學同學楊子毅就有這個特質，他在台中購物廣場老虎城的電梯裡，可以很自然而然的和人聊起天來，年紀大他一倍的貴婦，不知不覺中就跟他分享起附近寶貴的房地產情報；較之這樣的連結者，當時的我選擇緊抿嘴唇，眼睛不想跟人對上，只希望電梯快點開門。

定著因素

定著的解釋有些時候是：某個訊息發生作用，留在你腦海，揮之不去。巴爾的摩市政府醫療預算充足時，感染梅毒之人，大部分在傳染給別人之前就獲得治療，但市政府刪減一半醫療預算後，許多帶原者無法被及時治療，便有更多的機會傳染給別人。作者以帶原者的角色闡述定著之意。

他也舉當時暢銷香菸品牌美國雲絲頓的 slogan 爲例：「Winston tastes

good like a cigarette should」，如果你對美國人說：Winston tastes good，大批人會反射性的回你：like a cigarette should。

尼古丁會「定著」在香菸成癮者身上，而上述的slogan在非香菸消費者身上也能「定著」，可見該產品的傳播多麼成功。但基於對大衆健康的影響，我並不樂見它的暢銷。

環境力量

性病專家約翰・曾尼曼（John Zenilman）把市立治療所的性病患者的地址登錄到電腦上，病例在市區地圖上以一個個黑點呈現。夏天時，巴爾的摩市東、西兩區對外道路上的黑色星號相對較密集，但到了冬天，兩個地區黑色星號都減少，因爲天冷時，居民比較傾向留在家中，不前往酒吧或俱樂部，因此隨機性行爲的次數下降不少。

季節性因素，對梅毒的流行與否，就是一種環境力量。

紐約市犯罪率的升降，也是被環境力量深深牽動。

一九八二年「破窗理論」問世，簡言之就是某大樓的窗戶破掉、失修良久，表示沒人管理，甚至是沒人進出，接著就有人撒尿，有人闖入，有人待下，有人滋事，有人身亡。

這人盡皆知的理論，當初卻有好一段時間沒人懂得用來改善紐約的治安，直到一九八四年上任的地鐵警察局長布萊頓（William J. Bratton）的出現。

破窗理論的創始人喬治．凱林（George L. Kelling）和詹姆士．威爾森（James Q. Wilson）認爲：「犯罪絕對是失序的結果。」

布萊頓是破窗理論的奉行者，他就是以此解決失序來降低犯罪的。

布萊頓在其自傳曾描述當時的紐約地鐵：「有個傢伙破壞十字型轉門後，居然進而要求乘客把代幣直接給他。大部分人受到威嚇不願爭執，其他人則設法從十字型轉門上面、下面、旁邊，或直接穿過搭霸王車。這似乎是但丁《地獄》的地鐵版。」

當時逃票只罰一．二五美元，而且行政程序繁瑣，逮到嫌犯後，要送到分局，填寫表格，等候批示要一整天，最後卻從輕發落，導致地鐵警察不願意為了這種小事花時間。

布萊頓就從這裡下手，他先派十位便衣警察到逃票最嚴重的車站殺雞儆猴，一批批逃票乘客被銬住，在月台上排成一列，昭告大衆；然後他又把一輛市公車改成流動分局，把文書作業濃縮成一小時，意外的收穫如下：每逮捕七名逃票嫌犯，其中就有一人是在逃通緝犯；每二十名逃票嫌犯中，就有一人攜帶武器。結果社會秩序好轉，變成「歹徒不帶武器出門，而且一定不逃票」。

市長朱利安尼（Rudy Giuliani）後來重用布萊頓，請他擔任市警局長，他把管理地鐵的那一套方法拿來管理城市，專門打擊有關生活品質的犯罪，譬如在十字路口停下來、幫人擦窗強行索費的傢伙。布萊頓深信，校正了小型失序（塗鴉、逃票），其實正可以杜絕大型犯罪的孳生。

用公式分析芮維爾夜奔

保羅．芮維爾（Paul Revere）是一位交遊廣闊的銀匠。一七七五年四月十八日下午，他當天不只一次聽到英軍可能逮捕殖民地領袖，以及沒收民兵彈藥的訊息，於是決定當天晚上，先向波士頓附近的城鎮示警。他先搭渡輪之後，騎馬奔走，告訴殖民地領袖英軍即將攻來的訊息，並要求將訊息傳出去。

芮維爾夜奔引起狂潮，根據「趨勢＝少數原則×定著因素×環境力量」，可以如此分析：

「少數原則」：芮維爾這個 keyman，是一位連結者，是一位泛泛之交的大師。（一旦他不是連結者，他的角色就很難發揮，因爲沒人相信他發出來的信號。）

「定著因素」：芮維爾簡短的喊著：「The British are coming!」（英軍要來襲了！）這句話留在聽者的腦海裡，揮之不去。

另一種說法則是表示當年他喊的是：「The Regulars（正規軍） are coming out.」無論如何，當時那句話發揮了定著的因素，讓聽者記住也願意繼續傳播下去。

「環境力量」：若芮維爾「日」奔，大多數人在處理雜務或下田，都不在家，傳播效應可能就大打折扣。當時芮維爾夜奔，聽者一來在家，訊息能如實傳達；二來是夜間聞訊，增添了幾分緊張感，或許因此讓大家更慎重的準備應戰。

眼前如果有你莫可奈何的爛事，試著拆解，看從哪裡著手，可以早日解決。若想催生一場成功，也可以思考，資源力氣要放在哪裡，最有機會達陣。

蹲點——

挑選領域，跨越低谷，成爲第一等人

賽斯．高汀《低谷》

• • •

高汀這位舉手投足都猶如在加油站賣鞭炮的行銷高手，眾多著作中，我最推薦《低谷》。（雖然它已絕版，還是有機會在三個地方撞見它：露天、讀冊和圖書館。）

財經暢銷書作家、曾任知名外商銀行高階主管的楊偉凱先生，推薦該書的文字寫著：「多數人總是該放棄不放棄，該堅持不堅持，導致一生庸庸碌碌。」然而這本小書並不是「心靈硫酸」，反倒是一本心靈解放之作，它鼓勵讀者：「（在某個細分領域）成爲世界第一等人。」

成為世界第一等人，其中一項策略是「放棄」

作者認為，前往世界第一等人之路，「放棄」是一項很重要的策略。

放棄並不是說，明天要考數學，你今天很累，知道有一招叫「放棄」，於是選擇了放棄準備考試，提早上床睡覺。

如果你的目標是考上數學系，或是比數學系挑戰更高的科系，那即使你今天不是很想念書，但明天要考數學，你得放棄和準備數學考試無關的事情，逼迫自己，把明天的試考好，累積小勝才有大勝。

如果你的目標是年度的吉他大賽，那你每一天都要盡可能放棄和練習吉他無關的事，集中你的心力，騰出時間，把吉他練好。

你身上最強的一招，有沒有練成絕招？

考進台大醫學系的人，沒話說，各學科都很高分。

但考進其他醫學系的人裡面，至少有三分之一的人，都有一科偏弱跟一科稍強的組合，甚至是非常極端的組合（滿分以一百分計，類似九十八分跟五分的這種組合），他們得花很多力氣遮掩五分的傷疤，卻可能沒機會施展九十八分的才華。

上述的九十八分有其時代背景，這是指單一科目全國九十分以上人數在一百人以內的九十八分。在那個年代，如果你可以考進任何一個台大科系，而英文又高於九十分，就可以申請轉分發至台大外文系。但後來題目難易度大幅改變，有時單科九十分者，全國超過兩千人，此九十意義已遠不同於彼九十，幾年前此分發制度也因此取消。

黑羊其實沒有迷路

我曾聽過幾個醫學生的傳奇故事，他們不跟隨羊群前行，不聽從牧羊人指揮，默默走出羊群，採取了高汀筆下的「放棄」策略。

他們醫學系念到大二、大三時，愈念愈悶，因爲這階段必須花許多功夫記憶瑣碎的片段知識。醫學院的期中、期末考，他們還可以勝任，但答對那些題目的成就感，遠不如解他們喜歡又擅長的物理跟數學題。

他們寒暑假曾在補習班打工，台下解題跟台上教課的經驗俱足，開始領鐘點費，比同儕提早社會化，對金錢之重也更加敏感。他們盤算，與其繼續耐著性子把醫學院讀完，然後又得從醫院的菜鳥慢慢磨到老鳥，腦海浮現一個選項叫休學，直接到補習班執教高中數學、物理。

並不是說所有考高分的人就等於「會教」，而且能在台下解題的人所在多有，但在台上教得順暢，且能連續教課三小時，喉嚨跟膝蓋都還頂得住的人就更少了。

他們的目標從醫師轉換成特定領域的頂尖老師（注意：不只是一名教師），盤算沉沒成本後，毅然放棄念完醫學院的選項，開始往另外一條路前行。

每個特定領域的頂尖者，都是馬太

誠如《低谷》一書所說：「我們的文化讚揚超級明星，我們獎賞第一名的產品、歌曲、組織或員工。第一名獲得的獎賞通常是第十名的十倍，是第一百名的一百倍。」

國際冰淇淋協會的調查曾指出，香草是衆口味之王，囊括銷售額近三成。電影票房也很容易發現，前十名的票房並非分庭抗禮，第一名的票房往往是其他電影以倍數計。

就像家人若有感冒以外的就醫需求，我們是不是會先打聽該領域最好的醫生是誰？因爲所有人的時間都有限，「我們會刻意縮小選擇，只有最頂尖者才有機會脫穎而出」。

認清死巷，熬過低谷

故事拉回醫學院裡的黑羊。

短短幾年，當他們的同學都還是高年級醫學生時，他們執教的收入竟然追上主治醫師的薪水。再過幾年畢業了，當年的同學任住院醫師準備還學貸時，他們連房貸都快還完了。

其他大多數同學的終極目標是成爲醫生，頂多再拿幾個專科醫師的資格，終其一生，賺錢方式幾乎都是看診這種線性收入，套一句耶魯大學終身教授陳志武的話：「靠長壽來最大化個人財富。」

他們工時少於醫師，時薪高過醫師，多了些交陪應酬，多了機會交換情報。敏感的體察社會脈動，譬如克服學子親赴教室的舟車勞頓，又像是避免一人感冒全班感染的風險。如果這個時代的影音傳輸跟密碼技術已經日新月異，新型態的授課也該叩門問世。

他們回顧自己的工作，像極了馬戲團演員，必須一場又一場上陣，才能賺得收入，這也是線性收入。

電影相較馬戲團，演好一次就可以賣出版權給全世界。播放再多次，演出者的喉嚨都不會因此更容易長繭，膝蓋不會因此需要動刀，換成人工關節。

最終他們成功的把線性收入轉換為非線性收入，他們把自己畢生功夫裁切成兩百段四十五分鐘的課。每一個付費學生在家中臉部辨識後，就可以上這整套課程，最後驗收的大考成績，一樣驚人。武漢肺炎襲台，這種形式的課程賣得更好，還被家長讚為「超前部署」。

你的死巷，我的低谷

他們做對了什麼？當他們判斷某一個中長期目標不該再堅持到底時，就毅然決定放棄，他們必須集中心力在新選定的目標上；另擇目標後，就再也不輕言放棄，把低谷跟死胡同分得很清楚（當然，就像美國諺語講的「one man's meat is another man's poison」，甲的死胡同可能是乙的低谷）。

他們判斷眼前是死胡同時，就再也不肯往前一步；當他們目標明確，判斷眼前狀況只是低谷時，他們知道，熬過這一段，勝利即將到來。

反過來說，他們的同學裡面，有些人以救人爲職志，以史懷哲爲師，如果有人試圖拉這些準醫者下課往直銷布道大會走，他們並不會願意浪費一分一秒在與成爲醫師無關的事情上。

他們的目標清楚而明確，就是披上白袍。在那之前，一定要挨值班苦，忍學長罵，有考試要熬等等的低谷要克服，「爲了讓一般人淘汰出局而設置的一套人工篩選」，就是低谷。

成功跨越低谷，成爲某個細分領域的佼佼者，就能享受馬太效應的恩典。

週期——A^+巨人給我的省思與觀察

詹姆．柯林斯《爲什麼A^+巨人也會倒下》

•••

《爲什麼A^+巨人也會倒下》是史丹佛大學企管研究所教師柯林斯一系列的著作之一，《從A到A^+》一書分析企業成功之鑰；《爲什麼A^+巨人也會倒下》則解企業失敗之咒。

作者以五階段的衰敗路徑分析之：

一、成功之後的傲慢自負。

二、不知節制。不斷追求更多、更快、更大。

三、輕忽風險，罔顧危險。
四、病急亂投醫。
五、放棄掙扎，變得無足輕重或走向敗亡。

一、成功之後的傲慢自負

作者舉一九九五年如日中天的手機公司摩托羅拉爲例，當年全世界體積最小的行動電話就是他們公司的產品：StarTAC，台灣翻譯成「掌中星鑽」，搶購者衆，購得者無不欣喜若狂。該機採用的是類比技術，但當時無線傳輸器已開始採用數位技術，該公司主管面對質疑時表示：「四千三百萬個類比技術的顧客不可能全部看走眼。」

四年後，該公司行動電話市占率，由五成狂跌至一成七。

傲慢有各種不同形式，電路城（Circuit City）曾是北美地區最大的電器與數位產品專業店零售商之一，它曾跨足經營二手車買賣和DVD租賃，企圖建立新的遊戲規則：買一台只在電路城出售的DIVX播放器，然後再租相容於該播放器的影碟，可以整整觀賞兩天，到期之後，不必歸還，影片自動失效，若再付費，則可展延時限。

若和百視達比較還片機制，後者逾期還片還得罰款。電路城的創新似乎略勝一籌，但其播放器比一般機型貴上一、兩百美元，想續看影片的付費程序也頗麻煩，加上其他業者對於「引入另一種格式的DVD影片」也持保留態度，結果一年內草草收攤。

百視達逾期還片要罰錢的制度頗爲人詬病，最後催生出一個企業，也毀掉另一個。Netflix創辦人利德．哈斯汀（Reed Hastings）曾解釋創業緣起：「起因於一九九七年，當時我（在百視達）租了《阿波羅13號》，卻因逾期還片而被罰了40美元。」這個經驗讓他思考如何革新影片出租服務，因而創辦了Netflix。Netflix跟百視達幾度過招，屈居下風時曾問百視達願不願意用五千萬美元收購，結果被拒絕，最後的結局是百視達兵敗如山倒，Netflix成爲新霸主。

回到電路城，其同時期的對手百思買（Best Buy）專注於持續改善電子產品的購物經驗，它自己卻分散實力到非核心的經營項目，最終拖垮自己。

這讓我想到某台灣3C連鎖通路，由生產者跨足銷售通路，一度意氣風發，後來插旗餐飲、旅遊，結果幾年後陸續收掉，本業也元氣大傷。

如果它當時集中手上資源，發展出旗艦店與一般店：由旗艦店模仿法雅客的質感，販售較高單價商品，另搭配專業解說；一般店則走中價位商品，仿效全國電子終身維修免費等做法，應該都遠比它去勉強跨足不熟悉的產業，沒有在消費者心中留下記憶點，卻燒了大把金錢來得好。

二、不知節制。不斷追求更多、更快、更大

書中舉艾美絲（Ames）與沃爾瑪作為對比。

相較於穩扎穩打、先專心的在鄉間小鎮蹲點的沃爾瑪而言，艾美絲急於擴大公司規模，把違反經濟邏輯的合併或收購案反當為續命丹，營業額雖一度成長，最後還是破產下市。

柯林斯分析：「我們分析的公司，在衰敗時並沒有顯露太多自滿的跡象；過度擴張反而較能解釋一度所向無敵的企業，為何走上自我毀滅的道路。」

樂柏美（Rubbermaid）的故事再度應證柯林斯的分析。

一九二〇年，九位商人在俄亥俄州成立Wooster Rubber Company，後來更名為Rubbermaid；這個字由rubber（橡膠）和maid（女僕）組成，該公司主打橡膠家用產品，一度成長茁壯，曾是美國人非常喜愛的品牌，但一九九四年到一九九八年間，就迅速走完衰敗五階段，何以致之？

一九九〇年初，兩位樂柏美主管參觀完大英博物館之後，其中一位靈感湧現，表示「有十一個新產品構想」，而樂柏美的企業文化就是如此，它標榜：「一年三百六十五天，天天至少要推出一個新產品，一年到一年半就要跨入新的產品類別。」

一九九五年第四季，樂柏美出現數十年來的首度虧損，於是淘汰了六千種不同產品，關閉了九間工廠，裁撤了千餘名員工，最後在一九九九年被賣給紐維爾公司（Newell）。

曾經展店兩百間的台灣零食連鎖店霸主小豆苗，也是敗於擴張太快。寶雅則以「打造出鄉鎮裡的SOGO」為定位，崛起的路徑，有那麼一點沃爾瑪的味道，沃爾瑪在站穩鄉間小鎮前，不急著踏進都會區。沃爾瑪創辦人山姆．沃爾頓（Samuel Walton）的商道，連亞馬遜的創辦人貝佐斯也推崇備至。

三、輕忽風險，罔顧危險

摩托羅拉在一九九一年把銥衛星專案分割出去成一家獨立公司，前後砸下十幾億美元在銥衛星計畫上。這個數字，約莫是摩托羅拉一九九六年的總利潤。一九九六年是一個關鍵年，如果這時踩剎車還可以停損，即使「傳統式蜂巢式行動通訊服務開始遍布全球，銥衛星系統的獨特價值相形失色」，該公司依然無視銥衛星手機諸多缺點：尺寸大如磚頭；只能戶外使用；售價一、二十萬台幣；通話費每分鐘一、兩百元。

摩托羅拉當時眼裡只著眼於偏遠居民可以被滿足通話需求，卻無視很難在窮鄉僻壤找到銥衛星手機的顧客。

一九九七年，銥衛星依然發射升空，結果一九九九年該公司就破產重組。德州儀器則是對照組，其執行長湯瑪斯．安吉伯（Thomas Engiobus）陸續賣掉國防事業及記憶體事業，縮小公司規模，專注於數位訊號處理（DSP，digital signal processor）技術。摩托羅拉無視許多負面證據，繼續走完銥衛星手機之路而損失慘重；德儀則穩扎穩打，在累積了很多有利的證據後，才投下巨資在DSP的應用，毫不僥倖的成爲該領域霸主。

此外，很多營業項目以感冒爲主的診所經營上一向辛苦，當中大多數的診所無視許多負面證據（健保只給付極低的看診費、同行削價競爭、爭相降低掛號費、台灣尚未有健全的家庭醫師制度），只想燃燒體力勉強撐下去。這樣的診所，一遇到武漢肺炎，因爲許多輕症患者索性不出門，導致業績狂跌，入不敷出。

就像德儀收掉若干事業體，有的診所幾年前啓動轉型，開始不看感冒、不打點滴，重新定調診所的主治項目，譬如耳鳴或頭痛。幾年下來，這波反而不太被疫情影響。小感冒多休息自己會好，但耳鳴、頭痛求醫則是剛性需求。診所的定位明確，辨識度、指名度高，亂世圖存的機會就大了些。

也許有的診所院長看到這些文字敘述也爲之心動，但也怕轉型後的成敗，這時可應用「吃水線原則」去思考。

很多人的鞋子或外套上有個 Gore-Tex 的標籤，表示有防水透氣的功能。比爾．高爾（Bill Gore）是戈爾（Gore）公司的創辦人，他曾提出一個制訂決策和承擔風險的觀念，稱之吃水線原則：「假設你在一艘船上，只要做錯任何決策，船的側身就會撞出一個洞。如果洞的位置在吃水線以上，你可以把洞補起來，從錯誤中得到教訓，繼續向前航行；但如果撞出來的洞是在吃水線以下，那麼海水會不斷湧入，船也漸漸沉下去。」

我的解讀是，如果有的診所轉型過速，昨天以前都看感冒，明天開始只看疼痛，這樣可能會遇到上門患者發現沒得看感冒，紛紛怒氣沖沖的離開，還四處放送對診所不利的耳語。

依吃水線原則給我們的啓示，可以把看診的時段切分出感冒門診及疼痛預約門診。如果後者業績直上，那就慢慢增加疼痛門診的比率；如果疼痛門診的營收已經打平既有的開銷，小有盈餘，那這艘船就可以懸掛新招牌，宣示順利轉換航道，快樂的出帆。

四、病急亂投醫

過往的A^+巨人如果一路走向衰敗，作者稱此爲衰敗的第四階段：「病急亂投醫」。

很多人諱疾忌醫，即使病況愈來愈明顯，仍可能不願就診。（對一個衰敗企業來說，就診就是循正確路徑找到關鍵問題，然後解決問題。）因爲一旦就診，等於承認自己生病，而一旦狀況持續惡化，他們可能會找一位不具醫師資格者尋求解方。這正是處於一種不想承認生病又想尋求治療的矛盾狀態。

一旦企業已經病急亂投醫，即將直墜至第五階段，但仍有可能力挽狂瀾，端視其採取何種作爲。

全錄（XEROX）也曾走上病急亂投醫之路，兩年內股價跌掉九成，債券的信用被國際信用公司穆迪（Moody's）評爲垃圾債券，幸好找對了執行長，得以谷底翻身，重新出發。

作者提及，繼續衰敗的企業可能會「寄望於未經測試的策略」，而逆轉勝的企業當時會「以實證後的資訊作爲策略性變革的基礎，進行廣泛的策略性分析和量化分析，而不是盲目大躍進」。

繼續衰敗的企業，「面對威脅時，在恐慌中採取不顧一切的應急政策，結果可能耗盡現金、腐蝕財力，把公司進一步推入險境」，而逆轉勝的企業則會選擇：「蒐集事實、深思熟慮後，才毅然決然採取行動，絕不採取會危及公司長期利益的行動。」

摩托羅拉在這個階段（一九九八年，面臨五十多年來的首度虧損）所採取的作爲是「花一百七十億買下通用器材公司」，這不就是作者說的耗盡現金的應急政策？

一路衰敗的企業，傾向「尋找救世主，偏好從外部引進能勾勒遠大願景的領導人來振衰起敝」，而逆轉勝的企業則選擇「尋找有紀律的管理者，偏好從內部拔擢績效卓著的領導人」。作者研究企業多年的結論是：「打造卓越公司和引進空降部隊擔任執行長之間，有明顯的負向關連性。」

引進空降部隊而打造卓越公司不是不可能，IBM的執行長路易斯．葛斯納（Louis V. Gerstner）是其中一例。

九〇年代末期，惠普（ＨＰ）成長停滯，找來的執行長是空降的媒體寵兒卡莉·菲奧莉娜（Carly Fiorina），她上雜誌、拍廣告、談願景；作者用一九九三年ＩＢＭ業績慘澹時，找來的執行長葛斯納與之對比。葛斯納除了同爲空降之外，風格迥異於菲奧莉娜，第一次公開談ＩＢＭ事務就表態：「ＩＢＭ現在最不需要的就是願景。」他花了三個月掌握ＩＢＭ的狀況，確認重要位置都擺對了人，讓ＩＢＭ獲利率穩定提升。

ＨＰ找的是救世主，ＩＢＭ找的是有紀律的管理者。

作者引述一位有美國海軍陸戰隊背景的企業家的演講：「當你手下只有幾個人，而周圍都是敵人的時候，最好的辦法就是說：『你負責這邊到這邊，你負責那邊到那邊，一次只發射一顆子彈，不要用自動步槍連續掃射。』」

這個像極了Netflix影集《毒梟》的場景，描述了幾個重要概念，意思是腹背受敵的時候，要縮小打擊面，把人擺對地方，資源省著用，如此才能在慘況中保有最大勝率，如果亂槍打鳥，加上「廖化作先鋒」，只會及早耗盡資源，加速敗亡。

五、放棄掙扎，變得無足輕重或走向敗亡

走到第五階段的企業，通常只有三種命運：一種是談個好價錢，把自己賣掉；一種就是撐到關門；要不就是變得無足輕重。

以傳統診所來看，面對衆醫學中心跟連鎖診所環伺，似乎只有三條路：賣給財團讓他人經營、關門大吉或慘澹經營。（幾無利潤可言，醫師跟老厝邊聊天的時間還比看診長。）

作者也特別談及現金對於企業的重要性，他提醒：「當組織愈來愈成功，規模擴大以後，對現金的警覺逐漸淡去。」他引史丹佛企管研究所雷施雅（Bill Lazier）教授之言：「絕對不要忘記，你必須拿現金去付帳，所以你可能很賺錢，但還是破產了。」

作者富托普勒在《會加減乘除就看得懂財務報表》（最新修訂版爲《財務報表，中小企業賺錢神器》）一書曾比喻「現金之於公司，就好像血液對你的身體一樣重要」。

會計背景的張漢傑博士曾在《活學活用財報資訊》（已絕版，但市圖仍找

得到）一書中，提及針對財務報表中「現金與約當現金」的角色，很白話的替讀者釋疑：「多金的公司無論如何都較缺金的公司安全與有前途，一家安全的公司至少代表沒有大的財務風險，可以好好的活著，而不安全的公司則是隱藏財務危機，讓人提心吊膽。」

企管系背景的林明樟老師也曾說：「好公司的現金與約當現金占總資產比率通常都大於二五％。」

台灣有兩間舉世聞名的公司：一間是台積電，另一間是大立光。台積電的現金與約當現金，在二〇一九年底的數據是二五．八％；大立光則是六〇％。

同一時間點，亞馬遜的現金與約當現金是二五％；Apple 是三一．五％；臉書是四一．一％；Google 是四三．四％。

如果你過去未曾留心持股公司的現金與約當現金，建議你檢視一下，若只剩下三、五％，建議你適時脫手。別把自己的老本，輕易的與人共存亡。

能谷底翻身的企業，做對了什麼事？

全錄很罕見的由第四階段逆轉勝，爬出谷底，再掀風雲。一般相信執行長安．穆凱（Anne Mulcahy）是主要關鍵。

第一、她從內部拔擢，而非空降，符合作者長年的觀察：「打造卓越公司和引進空降部隊擔任執行長之間，有明顯的負向關連性。」

第二、她低調，接掌執行長三年，只出現四篇有關於她的媒體文章，迥異於媒體寵兒惠普前執行長菲奧莉娜的風格。

第三、她關掉了好幾個事業部，削減了二十五億美元的成本開銷。

第四、她如邱吉爾般的「絕不屈服」，公司顧問一再建議穆凱考慮申請破產保護，她從未同意。

第五、她大刀闊斧的削減預算，但同時也提高研發預算的比例。

二〇〇〇到二〇〇一年間，全錄尚虧損三億多美元，但在二〇〇六年，獲利超過十億美元，全錄斷尾，成功求生。

《為什麼A⁺巨人也會倒下》的五段衰敗論，不只可以應用於探討曾經興盛的企業，也可以檢視過去意氣風發的成功人士，更可以去細究曾經百鳥朝鳳，如今灰飛煙滅的過往王朝。

Chapter 3
豐盛應許，來自思維習慣

算盤——
啓動你的商業思維

林明樟《給兒子的18堂商業思維課》

• • •

商場實戰經驗豐富的講師林明樟，因嚴凱泰的猝逝提醒他人生無常，於是決定提早傳承兒子商業思維。其實日常生活所見就是一道一道的情境題，樟哥請兒子觀察，逐步提問並引導思考，奠基兒子的商業思維。

能打理好一盤生意有多難？台諺並沒有「醫生囝歹生」，反倒有一句「生意囝歹生」，由此可見一斑。

樟哥先前著作暢談的核心是：看到一樁生意，能不能快速分析這是否爲一門好生意。二〇一八年十二月六號，他在臉書分享「給兒子的第一堂商業個案研討課」，引起廣大迴響，出版社最後乾脆決定請樟哥把前後十八堂課的臉書內容也集結成書。

第一堂課叫「花更多的錢，想出更賺錢的方案」。在這一課當中，林家父子的討論，刺激我產生許多想法。

這堂課的開頭是樟哥發現了一間生意不太好的摩托車店，他不是直接告訴兒子這間店應該怎麼改，反過來先問兒子是否觀察到店家在營業時間內燈光昏暗。兒子回應確實如此，並同時發現到店家的競爭對手燈火通明，與之呈現明顯對比。

接著作者提問店家一個月收入多少，他兒子一開始答不出來。我認爲觀察不同店家、評估其收入是一個很好的基本訓練，對金錢的敏感度會提升，也會更了解不同商業模式的運行。

猜對答案不重要，怎麼拆解商業模式更關鍵。樟哥用引導的方式，告訴兒子第一個變數是**來客數**；再來，乘上**營業日**；最後，把**客單價**乘起來；這間店的營業數字便躍然紙上。

不要小看這個基本公式，很多行業都可以套用。有時候光這個公式就可以說服我們不用急著加盟開店、當老闆。

假如你是一位醫師，當來客數還不夠穩定時，受人聘雇這個選項遠遠比自己開立診所來得安全。

回到課堂。案例中的店家，其營業數字不樂觀。樟哥問兒子一般的老闆會怎麼做，他兒子回：應該會裁員；減低清洗地板頻率以省水費；電燈開一半來省電費；甚至在白天時段也乾脆關燈。

看到這個段落時，讓我想起小時候，住家附近的街上有間牛排店。一開張時大家覺得很新鮮，店家因此生意興隆。後來漸走下坡，有時用餐時間只有我一個客人。我發現它的玉米濃湯會吃到結塊狀的物體，還不止一、兩塊。用餐到最後有道甜點，先前都是由服務生撕開統一布丁的塑膠膜，倒置在一個小碟子，再給我一根湯匙吃。生意開始走下坡後，老闆似乎希望我快點離開，跟我說：「我直接給你一個統一布丁，你帶回家吃好不好？」連塑膠湯匙都免了，我實在不懂他。我想我坐久一點，這間店看起來還比較有人氣。

樟哥提醒：「當我們經營遇到困難時，先想想別人會怎麼做，然後告訴自己：「絕對不要這麼做。」

樟哥點出應該要花更多的錢，才能想出更賺錢的方案。他兒子最初的回應，也是大多數人第一時間的反應：「怎麼可能，我就已經沒錢了，怎麼可能再花更多的錢？」

陷入困局時，如果企圖用省成本的方式度難關，雖聽來合理，但事實上省成本的做法很可能讓端出來的商品或服務更沒有賣相，結果陷入更大的困局，連最後逆轉勝的一丁點機會都沒了。

樟哥針對該機車行，提供了十一個點子以救亡圖存，而且盤點起來總共花不到十五萬就可以讓店家改頭換面。我發現其精神如下：

一、針對過去未上門的客人，門面很重要，所以要上防水地面漆，並且把燈光打亮。

二、對正上門的客人來說，專業很重要，所以工作人員要穿制服，繡上公司名稱則又提升了專業度。提供DM給顧客，讓選擇一目了然。若對方開的是老車，那麼給顧客省錢的建議就好。（原因是車舊了，不要再花大錢換零件，選堪用等級的就好，站在顧客立場說話。）付帳時，先請客人看過checking list，因爲看完沒問題、簽名後才付款的程序，會讓客人產生信賴感；顧客會在心中默默的把這樣的店家，跟網路上那些大家罵翻了的「盼仔」（phàn-á）店家區隔開來。

三、若是已登門過的客人，可以提供集點卡，集點後送打蠟能創造回頭消費的機會。

好。上了這一課，假設我是剛剛提到那間業績下滑的牛排店老闆所聘請的餐飲顧問的話，我會怎麼建議對方？

一、針對未上門的客人，窗明几淨很重要，環境堪慮會讓人擔心食材也不新鮮，連過路客都留不住。

二、假設是正上門的客人，當下的體驗很重要。如果過往的餐點賣不動了，就表示要重新檢討菜單。再喜歡吃牛排的客人也不可能天天吃，但總要天天吃飯，有沒有可能用一點邊邊角角的牛肉做成牛排等級的牛肉飯？如此，上菜速度會加快，那就代表翻桌率也有變快的機會。餐廳附近有加工出口區，牛排等級的牛肉飯說不定會比牛排更能打中藍領客群的心。

三、一樣可以用集點卡送點心或正餐的方式，創造讓客人回流的機會。

愛因斯坦曾說：「什麼叫瘋狂，就是重複做同樣的事情，還期待會出現不同的結果。」每一個遇到困境的老闆，如果維持過往的狀態，注定無法脫困。而把資源省錯地方是不能讓自己轉危爲安的；投入資源，謀求改變，是救亡圖存的唯一路徑。樟哥第一堂課給我最大的啓發就是：原來足以改變店家命運的關鍵資源，有時根本不用多花多少錢。

是的，《給兒子的18堂商業思維課》的其他堂課就是該這樣讀的：先了解該堂課的情境跟解方，然後把自己觀察到的情況，甚至是自己身陷其中的處境拿來分析，試著自己也寫下解方，如此會有最大的收穫。

祝您順利通過這「十八銅人陣」！

心態——

人生路長，賽事多場；心態正確，縱橫全場！

卡蘿．杜維克《心態致勝》

…

《心態致勝》這本書的作者是史丹佛大學心理系教授杜維克，她用各種角度描述了**定型心態**（fixed mindset）跟**成長心態**（growth mindset）。理解這兩種心態，隨時檢視、調整自己的心態，一生中學習各種科目或能力，其成果將遠超乎你想像。

不用努力的天才 vs. 需要努力的其他天才

我念的高中是來自五位地方仕紳的奔走而催生，他們分別是：林烈堂、林獻堂、辜顯榮、林熊徵、蔡蓮舫。

母校高手如雲，總聽聞有學長、同學、學弟，每天睡飽來學校，上課隨意看漫畫，回家不用「偷讀書」（所謂偷讀就是跟同學聲稱沒讀，其實一回家就狂念書念到結膜充血、甚至半夜再爬起來讀），卻依然考上全國最難考的科系。《橡皮推翻了滿清》一書作者藍弋丰據聞就是這等奇才。

這些頂尖高手中，有人甚至還交女友、玩吉他，溫書的時間比其他高手更壓縮，但產出的結果卻毫不遜色。

第一志願的高中裡，即使你幾乎不願相信那些傳說的眞實性，但該怎麼正確看待這類傳說呢？

這類人是極少數中的極少數，我們不必花時間羨慕（時間寶貴，應該要學那些學得來的讀書習慣跟考試技巧），而他們的學習模式，其他人還眞學不來。若「斗膽」模仿他們上課看漫畫、下課交女友、回家睡飽飽，下場可能是留級，而非如他們輕鬆處於絕對領先群。

撇開最頂尖高手不談，其他九九％的高手，他們的學習路徑、考試技巧、記憶訣竅、心態調整能力，你會發現其實有不少共通處。

反過來說，其他九九％的高手若要獲取好成績，仍得付出相當多心力，否則他們的好成績也無以爲繼。我的意思是，後面這九九％的高手，如果你逼他：上課只能看金庸小說，刻意不專心聽課，每天下課拿走他的書包，給他一百個代幣，叫他打電動打到累了就回家睡覺。下次月考，保證他分數直墜，爲什麼？很簡單，他沒有聰明到足以有恃無恐的考出好成績。

醫官考試科目裡的「計算機概論」

長年以來，醫科畢業生如果沒有外國籍，或者不刻意用增重等方法逃兵，通常都會參與預官考試。考上了，任職預官擔的責任偏管理，勞心也；若沒考上，勞力的工作就多了些。

預官考試的科目有國文、英文、計算機概論、憲法等科目，以及智力測驗。智力測驗達標即可，但其他科目就是比分數了。醫科畢業生彼此競逐醫官名額，早些年，醫科生考醫官幾乎不需準備，智力測驗過關即可，因爲去考試的醫科生假設有六百人，國家的醫官名額也有六百名等你，可說足額錄取。

後來國軍走精實路線，醫官名額愈來愈少，曾經發生六百搶兩百五，甚至是六百搶一百多個名額的激烈競爭。其實醫科畢業生的國文、英文、憲法，如果稍微翻過書，彼此的分數不至於相差太大。關鍵其實就在計算機概論，因爲全國醫學生幾乎都沒有修過相關學分。

我的觀察是，即使眞有一%的醫科畢業生，就是那麼天縱英明，不用準備，拿到計算機概論的考卷，一看就理解題意，隨便揮揮，輕取預官；但其他人沒本錢裸考、開玩笑，仍得費心準備這個科目，畢竟此科目若考到當屆競爭者的前三分之一高分，就很有機會當預官。

收到成績單時，我智力測驗分數不錯。英文我本來就喜歡，還比預期高分。計算機概論拿到一個跟我預期差不多，但說出來一點都不悅耳的分數。跟其他準預官一起受訓的五週中，大家聊天時發現，原來我計算機概論考得也算不錯，至少跟多位大方分享出自己成績的人相較，我並沒有比較低分。

回頭自我審視，二十歲前我是個抱持定型心態的人，隨著挫敗經驗變多（因爲我所處環境的高手比例愈來愈多），我慢慢的把定型心態調整爲成長心態。

如果你抱持定型心態，假設你的背景跟我一樣沒修過資訊相關課程，那面對計算機概論就乾脆裸考吧！因爲定型心態的人相信智力、解題能力是天生的，有就有，沒有就沒有。你若夠聰明，輕輕鬆鬆的近乎裸考就會過；你若不夠聰明，努力也沒用。

還好當時的我已經轉換爲成長心態，我在準備考試的過程中，內心世界告訴自己，努力吧！努力會增加聰明程度，最後會有機會跨過計算機概論的那道門檻。

我做了歷屆五年的考題，爬梳出最常出題的二十種題型，然後就把這二十種題型徹底搞懂，只要難度相仿，這二十種題型我都能解決。

在考場時，我就發現至少有十種題型是自己有把握解題的，果然過關。

我過關的訣竅就是不斷強化自己「用功會提升聰明程度」的信念，更核心的一層意義是：這個考試要通過，需要夠聰明的人。但先不用管我夠不夠聰明，只要我有方向的持續努力，就會變得比本來更聰明，聰明到跨過本來我越不過的門檻。

揚棄定型心態，擁抱成長心態

作者鼓勵人們揚棄定型心態，抱持成長心態。這兩種心態最大的差別是：定型心態認爲人的素質無法改變，而成長心態則認爲可以改變。

至於如何改變？作者告訴我們：「你可以透過努力、策略與他人的幫助，培養與加強你的基本素質。」

如果你不小心一直自囚於定型心態的牢籠裡，很可能一生都無法釋放自己的潛能；如果你內心一直搭著一艘名爲成長心態的快艇，你雖遇低潮，也總能找到方法脫困，你會不斷發掘自己的潛能，開創屬於你的新格局。到人生終點前，你會無愧於心的告訴自己，一生中該努力、該嘗試的，你都沒放棄過。At least, you fought.

定型心態學童的分岔路：遇到定型或開放心態的老師

定型心態者若有一些早期學習上的成功經驗，那會給他很大的鼓舞，他便能輕鬆獲致成功。他既享受成功，更滿足於「輕鬆獲得」成功的感覺，那他好比身處「定型心態」的總統套房，他喜歡贏，更愛舒服的贏。如果不舒服才能贏，他可能乾脆選擇放棄。

他若表現良好，可能會幫自己貼上「聰明」標籤，而如果他遇到一個抱持定型心態的導師，導師也會強化他的「聰明」標籤。直到有一天，他意外考砸了，這時老師和他可能會一起撕掉他身上的「聰明」標籤，認為過去存在的「聰明」標籤是誤會一場。他開始質疑自己素質不夠好，努力也沒啥用，然後在學習之路上漸漸變得自我放逐，後來的學習成就可能不高。如果一直沒有出現足以肯定自我的契機，人生劇本接下來可能上演謀職不順，甚至抑鬱寡歡。

定型心態者若能擁有一些早期學習上的失敗經驗，那他好比自我囚禁於定型心態的牢籠。他可能覺得自己不夠聰明，所以會輸；因為不夠聰明，努力也沒用，所以可能會一路輸，一路哭。

抱持定型心態的兒童，可能幫自己貼上「愚笨」的標籤；如果遇到一個抱持成長心態的導師，認爲素質是可以改變的，他不貼人「愚笨」標籤，反而幫學生找方法，改善閱讀或數學能力；一旦改善，老師就成功去除不當標籤。去除標籤，可以引導學童放棄定型心態，轉換爲成長心態。

抱持成長心態，素質可以改變

如果你是一位小學老師，新學期開始面對新學生，教務處給你一個燙手山芋，新學期要你輔導閱讀最有困難的小五學生班，你會怎麼做？

我想我們可以釐清學生程度是卡在太多生字？還是不識詞彙、不辨成語？還是無法讀出字裡行間衍生的意義？

如果連字都不識，那就要從字的辨認書寫開始練習，這就像疊磚頭、堆樂高。金庸小說裡的相異漢字，不過四千；也就是說學習這些漢字的總數量，是一個可數的目標，而非恆河沙數。

生字新詞、成語造句，一步一步的累積，學生的程度一定會拉上來，提升的過程中，他的「素質」就改變了。

那些被認爲素質較高的學生，熟悉成語典故，寫出流利短文。他們被認定的好「素質」，可能來自種種條件的日積月累，包括：母親從小領讀繪本、家中環境被刻意設定爲沒有電視收看垃圾節目、有兄姊當模範、有自己的書桌跟檯燈。他們的「素質」之所以好，是因爲其素質就像巴菲特說的滾雪球，有濕的雪（及早學會注音），有長的坡道（長期都有適當引導），所以愈滾愈大（從字、詞、成語、句子，到文章段落）。

關於智力水準，許多人以爲是不能改變的，這樣想的人，抱持的就是定型心態；然而，智力測驗的發明者阿爾弗雷德．比奈（Alfred Binet）則認爲智力水準可以改變，他抱持的是成長心態。

有位政治人物年過六十，特別愛談自己年輕時的智商測驗結果，先不論對他的愛恨臧否，至少我們可以認定他應該是定型心態的擁護者。

張忠謀近年在演講裡，提到「常聽見許多年輕人一考上台大，就好像那是他一生的巔峰了！甚至現在許多五、六十歲的人，還總是在講『我在台大的時候』的故事」。張忠謀提醒聽衆要「多看世界、懂得謙卑」，他分享赴美念書時的感想：「你會眞正吸收美國給你的謙遜和世界觀，認識到跟你一樣能幹，甚至比你更能幹的人。你會變成不一樣的人！」我想你猜到我接下來要說的結論了，張忠謀先生正是一位成長心態的倡議者。誠如作者所言，成長心態的可貴就是：「使人們在人生中一些最艱難時刻仍然堅毅、茁壯的，正是這種心態。」

習慣——

窮習慣爲戒，避開人生泥沼；富習慣爲磚，砌出人生碉堡

湯姆．柯利、麥可．雅德尼《習慣致富》

•••

富作者抽絲剝繭，揭示窮習慣與富習慣

《習慣致富》一書由兩位作者合著：一位是澳洲的房地產投資顧問麥可；另一位是美國的會計師湯姆。麥可曾親自指導兩千多位投資人及創業家；湯姆則花了五年研究兩百三十三名富人和一百二十八名窮人，問了他們一百四十四個問題，彙整成五萬兩千個答案，分析出富人與窮人的諸多習慣。何謂富習慣？

何謂窮習慣？兩人得到類似的結論。

《安娜·卡列尼娜》書裡的經典名言是這麼說的：「幸福的家庭彼此相似，不幸的家庭各有各的不幸。」而我們也可以這樣解讀麥可跟湯姆的研究結果：「富裕家庭中的富習慣相似，窮困的家庭裡，其窮習慣也大同小異。」

巴菲特左右手蒙格曾說：「如果我知道會死在哪裡，我將永遠不去那個地方。」

窮習慣是一個又一個讓我們可能仆街的坑，如果一個人同時有很多窮習慣，那好比身陷一個永遠爬不出來的糞坑。

雖然談貧論富，但兩位作者不嫌貧捧富，只客觀描述他們駕馭財富的能力不佳或高明。

兩位作者都累積了可觀的財富，他們談錢確實有說服力。若是一位囊空如洗的作者，或者是一生為錢所苦的長輩好為人師，聽者的「收穫」可能是一籮筐錯誤的金錢觀。

本書羅列了富人有別於一般人的三十九種富思維，以及成功者的六十六個富習慣。

在你把這一百零五件事當作 checking list 檢視現狀之前，我羅列出最重要又環環相扣的幾個觀念。

線性收入和被動收入的差別

有些專業人士認爲自己的收入該被歸類爲「高所得族群」，並沒有意識到其所得都是線性收入。當自己健康亮紅燈，或者遇到系統性風險時，就會發生「一人倒，全家倒」的慘狀。

作者舉了他的朋友鮑伯醫師爲例，他如此形容對方：「三十五年來，每年賺進數十萬美元」「仍住在租來的房子，每天都到診所看病，到了月底，收入勉強能夠支付帳單」。

香港有本名爲《地產霸權》的暢銷書，作者潘慧嫻在〈中產財富成過眼雲煙〉的篇章中，分享了一則眞人眞事：一對中年李姓夫妻（先生是建築師，太太是分析員）月入十二萬港元，本來住在一個一千五百平方呎（約四十二坪），一個月四萬港元房貸的四房單位；一週有四個晚上在高級餐廳用膳。當時他們被朋友影響而心動，挪出家中資金又去買了一間樓房，準備低買高賣，除了頭期款，又因此多揹了一個月五萬港元的房貸。

交易後適逢金融風暴，樓價狂跌，沒人接手。一個月共九萬的房貸，壓得他們氣喘吁吁。兩年後，李先生還丟了差，過程中不得不賣掉自己的座車及住家，轉而租房。再隔兩年，李太太也被裁員，兩夫妻被銀行宣布破產。

鮑伯跟李家的問題相差無幾：

一、不曾正視存錢的重要性。（台語諺語提醒：好天著存雨來糧（未雨綢繆之意）。）

二、不曾正確投資。（不投資，只有工作所得的線性收入；不正確投資，企圖低買高賣可能陷入更大危機。）

三、每當賺到錢，似乎都花掉。（無法延遲享受，在意及時享樂，最後就沒機會安心享受。）

鮑伯、李家的收入雖高，但都屬線性收入，也就是「每工作一小時，只獲得一次收入」，作者提醒：「醫生（建築師亦然）沒有從他們的工作賺取重複性收入。」這是許多醫師明明高薪、年紀一把卻無法退休的原因。收入雖高，開銷也大，壽險、奢侈品、子女留學，每一樣看起來都不會壓垮駱駝，但累加之後，答案昭然若揭。

如果鮑伯沒有去診所上班，沒有把自己的時間賣給病人，他就無此收入。

如果鮑伯持有Parkway Life REIT的股份，他就是這個醫療集團的股東，每年會有四次配息（近幾年的配息水準是一年三．六％到五％），這些配息就是非線性收入。

《習慣致富》的兩位作者最屬意的被動收入來源雖然也是不動產，但他們從不動產持續賺到錢的精髓是租金（以及長期的資產增值），而非香港建築師在短時間內所圖的低買高賣、賺價差。

如果你擔心投資的公司可能會倒，那就買房託ETF；你不想單壓美國標的（VNQ），那就放眼全世界（VNQI），都有相對應的標的。

盡早把線性收入轉換成資產創造被動收入，這將決定你的財富金字塔位階。很多人把工作收入花得差不多了，剩下一點點才存起來。所謂的存錢應該倒過來；月入十萬，編列預算；先存下兩萬，這才叫存錢。

兩萬塊中，五千塊應急，一萬五就可以及早購買會創造被動收入的資產。

如果主動收入扣掉必要開銷，通通拿去享樂，縱使收入再高，隨著享樂費用等比例提高，還是存不到錢。

如果主動收入扣掉必要開銷，部分應急，其他投入能創造被動收入的資產，這時財富狀態才會開始質變。

持之以恆，資產日增，被動收入也隨之增加，若被動收入有一天打平了必要開銷，你的狀態就到了金字塔第二層：**財務安全**。這時再也不用把時間賣給老闆，你可以選擇最喜歡的工作，等於是把時間賣給自己。你是駕駛，而非乘客。

如果被動收入還能滿足必要開銷之外的娛樂支出，那你已經到了第三層：

財務自由。

如果被動收入滿足必要開銷跟娛樂之餘，還剩下可觀的現金，這時就到了第四層：**財務豐饒**。

及時行樂，透支未來；延遲滿足，值得等待

鮑伯和李先生一家似乎都不知道何謂「延遲滿足」，反倒很重視及時行樂，這其實是人性，人天生喜歡立即滿足。李先生一家當年如果一個月上兩次館子，而不是十六次，他們家會多一筆保命錢。李先生一家的消費型式，恰恰說明了許多高所得者不富裕的原因，他們誤解了富裕一詞，他們認定高所得已經跟富裕畫上等號。

延遲滿足的定義是：能夠抗拒及時的報酬，等待稍後的報酬。稍後的獎賞通常遠大於立即的獎賞，這就是值得等待的原因。

如果一份錢我們現在不花掉，投資得宜；十年後翻倍，二十年後有很大的機會會翻成四倍。我在臉書上看過一則精妙譬喻：現在少做一次腳底按摩，

二十年後可以多做一次全身精油按摩。請問你會選擇今天立刻享受腳底按摩，還是二十年後的全身精油按摩？

最重要的富習慣是：懂得感恩

所有的富習慣裡，我認為最重要的是：**懂得感恩**。

上帝不太可能把所有好條件都留給同一人，試想：自小你有沒有哪個同學家有恆產；長得超帥或超美；上課時就能理解所有考試內容，下課可以盡情玩耍不需苦讀；父親沒有外遇，母親沒有疾患，家人沒有意外；從未遭逢失竊、火警，別說車禍，連路邊臨檢都沒遇過。

每個人手上都有好牌、爛牌，不管你拿到什麼樣的組合，盤點手上好牌，用感恩的態度面對，每年都改寫人生劇本一點點，愈改愈好，人生軸線能就因此翻轉。

有人生來好牌就多，從未吹風曝日，自小山珍海味，及長，天下已罕有東西可以滿足他的感官；最後走上吸毒濫交之路，玩殘一手好牌。

縱使出身貧困也不必怨天尤人，千金難買少年貧，困頓的環境反而讓人有強烈的動機（drive）一心向上。我認識一些人就是如此，他們心境比其他人早熟，會用「退此一步，即無死所」來自我砥礪。在十六歲那種很多人會被吉他、異性吸走所有注意力之時，他們因為一心只想脫貧，自彼時起，放學後可能要站攤位六小時，學著喊賣討生活，或者一屁股坐板凳六小時，用苦讀換分數，鍛鍊 street smart 或 school smart，都能逐步改變自己的命運。

不懂感恩的人，總著眼自己手上的爛牌，也總嫌自己的好牌不夠好。

懂得感恩的人，哪怕滿手爛牌，也珍惜至少還有打牌的機會；若遇好牌，更是加倍感恩，負重前行。

致富——揭露練成富翁的三大關鍵

湯瑪斯．史丹利《爲什麼他們擁有億萬財富，而你卻沒有？》

台灣曾經歷過許多人以子女能成爲師字輩爲榮的年代。

如果你兒子順利通過師專考試，引起周遭豔羨的眼光，親友向你請教「教師養成術」，你欣然規畫一套小學一年級到國中三年級的讀書計畫，目標清楚明白：考上師專。考上之後的康莊大道，政府早幫你鋪好，連國家的生育率都站在你這邊。你畢業後，教鞭下三十年不愁沒學生，那時候如果你說學校有可能會倒閉，人家可能笑你沒有睡飽。

後來你厝邊的兒子考上醫科，歷經十餘寒暑，開了診所，病患絡繹不絕，街坊的興趣轉向他們家，開始探詢「醫師養成術」，摸清界線，熟稔規則，勝率大增。譬如小學寒、暑假就要多帶去自然科學博物館走走、逛逛，培養好奇心；國、高中絕對要禁止交女朋友，以免分散精力，更不要交到「壞朋友」學會抽菸、撞球、跳舞，把一切體力用在啃書，嚼爛每一塊瑣碎知識，極盡可能把努力過的血汗堆疊在考卷上，讓老師看見你，讓系所錄取你。

父母、兄長如果早人家幾年打聽「○師養成術」，諄諄告誡，及早養成良好的讀書習慣跟鍛鍊考試技巧者，其達陣率一定比人家高。縮短試誤時間，節省可能會虛耗的體力。這不管放在考場或球場，都是贏家的硬道理。

坊間不是沒有「富翁養成術」的討論，但多是詐欺犯在布局。

我對富翁的定義是：衣食無虞，金錢富足，得以廣施天下。

一般人對於富翁，多摻雜羨慕、詛咒等複雜的情緒。談起別人的成功，總是外部歸因，認為別人運氣好、嫁娶好、精卵好。

美國的史丹利博士是一位以研究富翁為職業的專家，他分析大量資料後，分享富翁養成之路上，何者為要。

富翁的人格特質跟行事風格，跟坊間焦慮媽媽最在意的子女表現面向，可能有不少歧異點。如果你的子女有成爲富翁的潛質，你卻用反方向的教育方法箝制他，最後有兩種結果：他沒有成爲富翁，或者他遲些仍成爲富翁。以前者論，你逆轉了他的人生；以後者論，你耽擱了他的青春。

多少媽媽育子，追求高智商，要求高GPA（學業成績平均點數），認爲這樣一定可以增加成功的勝率。所以只要有人打著高智商音樂、高智商食品的招牌，就一定有媽媽買下這種CD跟穀物片。

告訴你：富翁的智商跟GPA，不必頂尖。

我咀嚼完史丹利博士的大作，試著用三個關鍵面向來拆解富翁，分別是：

不被智商綁手腳、啓動心理防護罩、找對池塘釣大魚。

不被智商綁手腳

智商的話題永不褪色，新聞裡總有一位愛談智商的市長，如果我們看《天下雜誌》或《遠見雜誌》的縣市長滿意度，智商跟滿意度似乎無關。信然，史丹利博士也認爲：「分析性智力與領導能力之間，其關連性並不強。」

從幼兒園入學考試到預官考試，都會考智商。多年前醫官名額幾乎是足額錄取，也就是說其他考科你隨便寫，智商只要到達某個標準（有時八十五，有時九十），還是保證能當醫官。後來國軍縮編了醫官名額，從數百名砍到百餘名，除了智商達標外，考生在憲法、國文、英文、計算機概論的科目上還是得彼此較勁。

回到智力與致富的討論。

一般相信天資聰穎的人有很高的分析性智力，而分析性智力可以用標準化測驗衡量出來。

這種人通常就是在課堂上能夠快速吸收老師講課的內容，花很少的時間就可以解題，輕鬆獲致高分，如果必須有此先天條件才能成爲富翁，大多數人都沒機會。

羅伯特．斯騰伯格博士（Robert J. Sternberg）是研究人類智商的權威，他解釋，成功智力包括三種能力。**分析性智力**只是其中之一，另外兩者是**創造性**

智力與實踐性智力。（斯騰伯格博士有時會改稱爲「創造性思維」「實踐性思維」，我統一用智力稱之。）

分析性智力突出的佼佼者當中，一部分的人一路輕鬆的念書、考取名校，就讀熱門科系、創辦公司，也大賺其錢，成爲富翁。

但大多數千萬富翁能發跡致富，是因爲他們的創造性智力跟實踐性智力，而且後者更重要。

我打個比方，分析性智力高的人，可以快速理解洗衣機運轉的所有相關物理原理。

創造性智力高的人，或許可以發明出節水、節電、洗劑量自動精準投入的洗衣機。

然而，實踐性智力高的人，也許不了解物理原理，也無法應用它去發明更精良的洗衣機，但是他看到別人看不到的賺錢機會。在套房林立的商圈，觀察到許多租屋者沒有洗衣機，於是他想到可以開自助洗衣店，滿足許多人的洗衣需求。

這世上沒有什麼理想工作是空在那邊等一位橫空出世的高智商者。誰滿足了過去沒被滿足的需求，誰發明了一個新工作，誰就能賺到一桶金。

啓動心理防護罩

每個人成長過程中的各種表現，可能都曾招致同學、親戚、師長有意無意的批判。

作者訪問過許多富翁後發現，能成爲富翁者跟一般人不同，他們彷彿心裡有個防護罩，可以阻擋這些批判。

我得知幾位家中父祖開設診所的友人，從小到大常聽親友說，「如果你沒辦法考上醫科，你家診所的招牌就要拆下來」之類的言詞，史丹利稱這類人爲唱衰者，「他們似乎樂在看人失敗，彷彿見到自己的惡意預言落實成眞，進而心滿意足」。

很多人聽到這類話就會把這種語言即時送達自己內心，早早豎白旗，對成爲醫師的任務投降，對在其他領域爭勝也宣告放棄。

史丹利研究富翁後發現，他們遇到這類語言時，有兩種應對之道：一種是無視；一種是把批評化爲激勵，變成燃料，加速通往成功之路。

史丹利這麼解釋**心理防護罩**：「富翁似乎具備一個有趣的免疫系統，我指的不是他們抗傳染病的能耐，而是心理力量。他們練就的能力，哪怕是最險惡的批評者所祭出的最苛刻評價，都能被擋掉。」

那一定有人好奇，怎麼取得「心理防護罩」？

作者研究認爲，大多數富翁克服貶損的能力，來自他們帶著正面語言的父母。

帶著一張六十分的考卷回家，有的父母可能會臭罵一頓，大多罵不用功，因爲罵資質不好等於罵到父母自己。

而帶著正面語言的父母會說像這樣的話：「不懂的，把它弄懂就可以了。以前我這科也學得比較吃力，眞是辛苦你了。」

我有個親戚高中沒考好，後來念高職，之後四技二專的考試，在他所屬的類別考到全國前幾名，他父親對外從不說他高中沒考好的陳年舊事，逢人就說他兒子是四技二專的狀元，邊說邊泛起笑靨，久久不散。

像這樣的家庭環境，就比別人有更高的機率能打造出一名富翁。這樣的父親，開口就提供子女燃料，子女若逢挫敗，總有動力再往前衝。

另一種父母，明明子女已經考上第一志願的高中，逢人都是恭喜聲，卻故意謙稱是「吊車尾考上」，這種洩氣式言詞，非常打擊子女的自信心。他們大可以說：「考上就是歸零、重新開始，高興一天就好，接下來三年要開始往新目標努力。」這兩種應對，是兩股截然不同的力量：一股把子女推往平庸；另一股，則往富翁靠攏。

也有人問，如果自己沒有帶著正向語言的父母，那怎麼辦？很簡單，你就自己扮演那個角色，誰規定不能幫自己加油？

找對池塘釣大魚

史丹利發現富翁們「樂於構思及運作一種特殊的生意」。

譬如他提及有一位牙醫師專擅牙齒矯正，但這位醫生發現很多病人必須同時施行正顎手術及牙齒矯正，於是他選擇重返校園，取得醫師資格。此後，他便能同時處理病人的顎骨跟矯正問題，在治療這類病人的競爭者中，他在紅海裡硬是找到藍海，成爲藍海裡的王者。

（一個人若要同時取得執行顎骨手術與矯正手術的資格，在歐美大多數地區必須如上述取得醫師、牙醫師兩張執照。台灣的學制略有不同，必須在成爲牙醫師之後，繼續取得口腔外科跟矯正雙專科之後，才能執行。）

他還舉以分銷卡車爲業的理查爲例。

理查本來替一家卡車製造及分銷大廠工作五年，成績平平。有一天，他老闆請他把一輛出事的卡車賣給中古車回收商，得手五百美元。結果半個月後，因爲另一台卡車需要一個二手引擎，老闆請他再去找那位回收商買，結果中古商索價五百美元。

你是否發現，如果兩週前，理查先拆下那顆引擎待價而沽，再把剩下的車輛零件賣給回收商，他的利潤會更多。是的，理查也發現了，所以再隔兩週，他開始做起這方面的生意，他花了五百美元買了第一輛事故卡車，拆卸零組件賣出後，最後賺了六倍。

後來理查生意愈做愈大，專門處理出車禍的十八輪曳引車，他的首席技師收入，直逼美國醫生的平均淨收入。

在紅海裡要殺出重圍，那位取得醫師資格的牙醫師，就是選對一種突圍的方法。

作者分析，城裡的電話簿黃頁裡，律師名單超過七十頁，而理查所屬的「卡車設備及零件」就那麼一頁。

許多分析性智力甚高的傢伙，在七十頁的紅海裡廝殺；而以實踐性智力見長的理查，在藍海裡快樂游泳。

所有的富翁之中，有一成確實上一代也是富翁，但有九成的人都是富一代。他們或許分析性智力不夠高，或許GPA不夠亮眼，或許常常招致否定跟惡毒的批評，但他們在無法以測驗得知的實踐性智力表現突出，他們心理素質強健，不會如作者所說「社會化到追求地位取向的職業生涯」。他們樂於發明一個自己熱愛的工作，然後做好它。最後無論在金錢方面，或以自我實現的程度來看，他們都取得豐沛的果實。

Chapter 4
以簡馭繁，愈奉獻愈富足

投資——用心於不交易，反而建立投資的核心堡壘

林茂昌《用心於不交易》

在意想不到的地方用心

飯局觥籌交錯間，總有長輩聞股票色變，逢人就叮囑股票絕對不能碰，因爲他曾經損失上千萬云云，這是典型的一朝被蛇咬。股票市場有很多誘惑、陷阱，但絕對不該被定調成「不能碰」，眞不能碰的是菸跟檳榔，許多長輩反而樂在呑雲吐霧，哺价歸嘴紅吱吱（pō-kah-kui-chhùi-âng-ki-ki）。

若不具備投資的核心觀念，小則漏財，大則害命。

建構投資核心堡壘的第一本書，我推薦林茂昌先生的《用心於不交易》。

林先生是台大經濟系學士及美國西北大學管理科學碩士，譯作等身，最有名的是《師父》一書；著作則有兩本，分別是《我的職業是股東》及《用心於不交易》。他筆下所闡述的小故事或觀念環環相扣，行文酣暢明快。

他不會告訴你：「怎麼做就對了。」也不會說「隨便買、隨時買、不要賣」這種空泛的建議，而是把一些過去你可能不知道或誤解的觀念重新詮釋，讓你先掌握基本觀念。

書名《用心於不交易》，描繪出股市輸家跟贏家的不同樣貌，告訴你投資必須用心，而在哪個面向用心，尤其重要。

陽性建議與陰性建議

作者引《黑天鵝效應》一書作者塔雷伯之語，用**陽性建議**與**陰性建議**來界定投資行爲。陽性建議強調你該做些什麼，譬如關心一間公司主要的營收來自於什麼服務或產品？產業前景與每年獲利、配發股利如何？目的是去了解目前和未來的競爭對手是誰。

陰性建議就是請你不要做什麼，譬如剛剛提的不交易，譬如說不看盤，不追內線。陰性建議往往不被人重視，人們總是想要關心當天的股價，並將之帶到晚宴時的話題；以前去證券行看，現在更方便可以隨時低頭看。人們總是聞漲色喜、聞跌色變、聞內線則搶。

事實上，對於內線，我們應該如此理解：請你搜尋三起因內線交易而被判刑的新聞，然後分析一下內線靈通人士有多位高權重。如果你想通了，應該知道自己不可能獲得眞正的內線，頂多拿到以內線爲名的馬路消息，而這個馬路消息，可能是有心人計畫騙人進場的前奏。你買下去，當初更低點就買一大把的人，就樂得有人接手，準備大賺一筆出場了；而你只有被套牢的命。

輸家樣貌與贏家樣貌

輸家熱中頻繁交易，頻繁交易就得付出倍數的手續費，很多人對手續費鄙其小而不以爲意。如果你認眞理解，省下來的手續費，等於就是多出來的投資本金，本金變多了，若投資好公司配息當然也會更多，配息得以再投資，你如果懂得這麼想，應該會放棄頻繁交易的投資模式。

輸家還有一個特色：愛追高殺低，雖說他們看了一些書，謹記「人棄我取，人取我棄」「別人貪婪的時候我恐懼，別人恐懼的時候我貪婪」。這些道理大家都知道，但輸家若處於「人取」的浪頭上，他會硬湊熱鬧，就算是好公司，也總是買貴了；買貴了，也是一種損失。若是景氣反轉，眾人陷入「人棄」的恐慌中，他也是多所猶豫，棄的動作再慢些，把好公司的股票用更低的價格賣掉，若是如此，資產當然年年縮水。

贏家則像一個優秀的獵人，靜候獵物失足（好公司出現低股價）才出手，除非好公司的體質轉壞，否則他會長抱十年、二十年、數十年，恪守「不交易」這條微妙的潛規則。「不交易」是一個陰性的建議，叫你不要做什麼的建議。「不交易」不只是沒做什麼，而是忍住不做什麼，而懂得忍，就是贏家之道。

不頻繁交易，省下手續費，贏得能投資的資金；不買貴，用合理或便宜的價格成爲好公司的股東，這樣配息的比率也更高，配息又得以再投入；不賤賣，好公司遇到景氣不佳時，不但不應賤賣，反而還該適時買進，增加持股。

大富翁遊戲的眞諦

作者帶領我們重新回顧大富翁遊戲，並分析爲什麼「愈是有錢的人，就愈有機會變得更有錢」。

遊戲過程中，總覺得注意力都花在擲骰子（想擲遠點或擲少點，以避開眼前危險），或抽機會、命運的牌卡（我玩過的版本中，最好笑的是射下米格機，得到獎金三千塊），情緒因此上下起伏。玩的時候沒有謀略，無法增加下一次玩的勝率，所以即使成爲贏家也不知道自己怎麼贏的，認爲自己強運；輸的時候亦然，推給歹運，從來沒有去想這個遊戲的核心意義。

用很簡單的統計學觀念去理解，當你玩大富翁的遊戲夠多次，其實那些命運、機會卡，結果好壞約略各半，那不會是決勝負的關鍵。

遊戲中的關鍵是買房子，遊戲中房子總量有限，如果你有一定數量的房子，就可以向過路客收過路費。我們可以在現實生活中這樣理解，如果某一個大學辦學良好，但附近房子少；你有幾間房子，一定能輕易滿租。因爲住屋需求是剛需，誰能滿足這個需求，誰就能賺到穩定的現金流。

但我們要想，現實生活中，有些國家儼然大富翁遊戲的眞實現場，譬如新加坡，誰擁有商場 REITs、醫院 REITs、公寓 REITs、酒店 REITs、辦公室 REITs 的股份，逛街者、病人、住客、遊客、上班族消費的過程中，都有一部分的錢流向他。而有些國家不完全是，譬如日本。日本有許多地方，因爲人口往都市集中，家中老年人若過世，空屋便愈來愈多。在那些地方，你若擁有很多房子，也沒有人會跟你租來住或做生意。因爲眼前做生意的店家，已經滿足了所剩不多人口的需求了，沒什麼你能插旗的機會。

大富翁遊戲能運作的前提是：房子不能一直蓋下去，房子本身的量有天花板，而且所處環境要有相對應的人流，有人流，才能撐得起住房需求；安居之後，才能樂業，才有娛樂消遣的需求。非東京等級的日本城市，如果依其人口數及房子數量拿來等比例設計成大富翁遊戲，買房子就是失敗的策略，那張地圖因爲房子太多所以很大張，你買了房子要等人路過要等非常久，買屋者反而變成屋奴。

看了三遍之後的啓發

這本書在二〇一二年出版，之後我每隔兩年就會重讀一次，每次看了之後，腦中都會浮現不同想法。

第一次看了之後的心得是：少交易、多存股，跟買房子租人，以爲成爲存股族跟包租公就人生樂透。

第二次看了之後，我便提醒自己，手中有房，若租不出去，那就從「包租公」變成「包租不出去公」；存股族如果存到宏達電，最後只存到骨頭。

第三次看了之後，我的新想法如下：

「用心於不交易」第一回合的應用，不應該是股票或任何投資標的，而是**自己**，也就是說，自己才是第一間應該大力投資的公司。第一回合的應用就是自己職涯的選擇。

日本知名作家村上龍有更明確的時間軸建議：十三歲到二十八歲，我們有十五年可以去選職業；二十八歲就該是選定職業的時候了。台語有句話說「一冬換二十四個頭家」，每個工作若只累積了十五天的工作經驗，頻頻的在職業選擇上「交易」，就很難讓自己成爲同業中的秀異分子。「日本壽司之神」小野二郎二十五歲時就立志成爲壽司師傅，目前九十五歲仍是壽司師傅，他眞是一位「用心於不交易」的頂尖應用者。

「用心於不交易」第二回合的應用，才該是**股票**或是**REITs**等標的。我們可以每三個月、半年關心一下，該標的的業績與所屬產業的趨勢變化。如果它仍有長期穩定的獲利能力，我們就保持不交易，靜候股利入袋，然後再持續購買該公司股票。

「用心於不交易」第三回合的應用，則是追隨約翰·伯格推廣的**指數型投資**，那樣的投資方式，相較於第二回合的應用，有更多的陰性建議，投資人將操更少心，而且出乎意料的，擁有更好的投報率。

REITs ——讓我們用正確的觀念持有不動產

楊書健《環球房託砌出現金流》

• • •

我的母系祖先數代務農，從小我就從聽他們彼此告誡土地絕對不能賣，賣土地就是不孝、背祖。

但有句台諺是這麼說的：「好田地，不如好子弟。」而另一句客家諺語則這麼提醒：「寧賣祖宗田，不忘祖宗言。」

渡海來台的台灣人父系祖先們，其實對土地的觀念毫不陳腐：不把累加房產當作核心價值，栽培出好的下一代及母語、諺語的傳承才更重要。

如果把「有土斯有財」跟上述兩句並排，或許會讓人感到困惑，到底我們該如何看待擁有不動產這回事？

本文並不討論住屋需求，不在買房或租屋打轉。我設想的是：讀者們如果戶頭存到兩百萬現金，對擁有住家以外的房地產蠢蠢欲動時，該怎麼思考？

兩百萬現金在台中市熱門地段可以買一間大套房，或一個冷門地段的兩房，也有人把兩百萬當成頭期款，拿去買一間七百萬的三房出租。

「成爲包租公」在電影情節跟網路文章的推波助瀾下，成爲許多人心目中美好的想像。第一次擁有租客的普羅大衆，頓時多了一個房東身分，這讓人很容易想到甜美的租金，不考慮附帶的風險，一廂情願的認爲不會發生在自己身上。

有房租人，至少有下列問題得考慮：租金是否如期匯入？家電是否故障？屋況是否毀損？房客是否與鄰居齟齬？甚至違法亂紀招來警察上門。還有兩種房東最怕的不告而別：一種是在室內輕生的不告而別；另一種在室外的不告而別：找不到人，徒留一屋子雜物。

決定投資不動產之際，除了百分之百買下一個物件的產權，其實我們還有另一個選擇：**REITs**概念股。

這得從房託談起，房託是房地產投資信託（Real Estate Investment Trust）的簡稱。

這是源自一九六〇年代，美國國會通過《不動產投資信託法案》後，所創設的金融機構，藉以有價證券募集一般小額投資人之資金於不動產，其證券化型式主要爲股票。

若想用最短時間，讓一個不懂房託的人理解**REITs**概念股的話，可以這麼比喻：我們一般人買不起喜來登飯店，但如果把喜來登飯店的資產分成一百萬份，這麼一小小份我們總買得起吧。這一小份，就是你在許多股票市場上，可以買到的**REITs**概念股。

買喜來登房託的人，不管房客、食客來來去去，那怕只持有一個持股單位，每年都可以領取配息。譬如說二〇一八年某檔台灣房託，其股價最貴時爲一五·一五元，二〇一九年配了〇·四二元。粗略算來，這樣的配息水準是二·七%，遠勝定存，但相較世界上其他房託選擇來說，這個成績還差強人意。

《投資房託全手冊》的作者楊書健本身就是資深商業房地產的從業人員，他一系列的著作：《這些房託值得買》《環球房託砌出現金流》《投資房託全手冊（增訂版）》，讓我們快速了解全球 **REITs** 生態。

作者直接從機構投資者的角度分析：「一億美元只能買三幢資產，其實有一定的風險：如果其中一幢遇上天災人禍的話，就算事後得到保險賠償，亦會影響短期的投資表現。如果以房託投資，則可以買到處於全球各大城市、幾千幢資產的業權，將能收分散風險之效。」

兩百萬可以買下一間套房，如同作者告誡，一旦遇上人禍，將會損失慘重。如果有人跳樓，這套房只能打七折出售；如果買在學區附近的套房，若招生不到五成，那套房出租機會勢必攔腰斬，如果瀕臨倒校，整棟樓就直接變鬼城，貼滿售租。兩百萬打水漂，只能等抓交替。

日本投資標的 **Japan Rental Housing**（日本賃貸住宅投資法人）是一檔房託概念股，瀏覽其官網，你便可以了解，它旗下有一百九十一棟大樓：四成分布在東京二十三區，四成在三大都市圈，有一萬兩千八百八十個出租單位（一個單位表示一個家庭房或一個大套房），出租率長期保持在九八%以上，其收益分配，照法令規定，超過九成配給持股者。

你可能開始問：日本可以投資嗎？REITs在日本發展成熟嗎？沒錯，想要分散投資風險，首先要對哪些國家的REITs發展成熟有概念，美國、澳洲、日本、新加坡、香港（近期動盪甚鉅，動輒抓人讓香港投資風險急遽上升）是過去幾十年的佼佼者。

走筆當下該公司股價一股約十萬日幣，若你有兩百萬台幣資金，大約可以買七十股，每股一年配息四千日幣，一年就有二十八萬日幣。

你可以比較一下花兩百萬台幣，自己打理一間套房比較好，還是直接買日本有一百九十棟樓的七十股的股份比較好？

當然有人質疑不是要分散風險嗎？如果兩百萬都集中在住宅類的REITs，這樣風險不是集中在一個國家的一種投資類別嗎？

投資總要往壞的方面想，雖然我認爲住的需求絕對是衆需求中的剛需，但把投資地區分散在其他衆發展成熟區就是比集中單一區來得好。譬如把兩百萬分成四份，五十萬爲一個單位，我們可以分別投資美國、澳洲、日本、新加坡。

有人又質疑，雖然分散地區風險，但似乎沒有分散產業類別的風險？

沒錯，書中也提及房託可以分爲幾個類別：零售、辦公室、工業、住宅、酒店、多元化、其他（醫療）。

如果把兩百萬分成五份，分別投入不同類別，也總比集中一種投資標的來得好。譬如新加坡以mapletree開頭的幾間REITs，過去十來年的表現相當讓人驚豔，若干美國醫療REITs經營績效也非常好，醫者之心讓我總是懷抱這樣的想法：「但願世間人無病，寧使架上藥生塵。」但觀察者之眼會冷峻的告訴我，商場人流如潮汐，醫院卻總沒有空床。

還有人問，REITs聽起來似乎不錯，但有沒有更簡單、更一勞永逸、更分散風險的投資方法？

有，如果你對先鋒（Vanguard）公司還陌生的話，先花一點時間了解伯格先生創辦的先鋒爲什麼被很多人推崇。

如果你已經很了解先鋒公司，你可以參考它旗下兩檔REITs ETF。一檔是

Vanguard REIT ETF（VNQ），它持有一百八十六支美國當地的REITs，涵蓋各業種。

另一檔是Vanguard Global ex-U.S. Real Estate ETF（VNQI），涵蓋了世界上美國以外的國家，共六百一十五檔REITs，亞太地區占一半，歐洲居次占二四%，新興市場占二〇．四%。

或許你的懶人選擇可以是VNQ和VNQI各買一百萬。

看完REITs類的書籍讓我沉澱，與其花錢張羅一間房或一棟樓等著費心租人，不如購買世界上眾先進國家不同產業類別的REITs，讓專業團隊替我管理，租金（配息）自動匯入我帳戶就好。這真的印證了一句話：閃開，讓專業的來。

延伸閱讀：

一、《不動產證券化：理論與實務二版》張金鶚著（證基會）。

二、《不動產證券化》張金鶚、白金安合著（永然）。

指數——在股海裡任我行的ETF勝經

綠角《股海勝經》

投資股票方法百百種，估計較廣爲人知的三種方法：第一種、自己決定買賣哪些股票；第二種、把「決定買賣哪些股票」的權利交給基金經理人，代價是要付出經理費（以及保管費、雜項費用等）；第三種、定期購入指數型基金。

關於第一種方法，家母曾三度聽朋友的朋友，本身是公司經營者不避嫌的推薦自家股票，買了之後開始下跌不小的幅度，後來我們才學會，通常這種都是業績下滑、經營不善才會放風聲，製造假內線。如果業績蒸蒸日上，他們自己買來發財都來不及了，哪有可能敲鑼打鼓，拜託別人致富。

還有一位親戚更妙，想買股票都去證券行的大廳一屁股坐下，問營業員：「我要買會起的，你給我報」（台語），正派的營業員會婉拒他的詢問，包藏禍心的營業員，當然就會勾結投顧老師專宰這種肥羊。

少聽朋友的朋友或遠房長輩吹牛，多上PTT看一點台股畢業文（誠實交代自己怎麼在股市輸光的文章），讓自己經常處於警覺狀態。

如果我們只看一個月、兩個月、三個月內的投資績效，我很難說上述三種投資股票方法的排名順序比較好，因為短期內運氣跟不當外力都確實會嚴重干擾投資的績效。

但如果時間拉長到一年、兩年、三年來較量，我就可以較明確的說：第一種難以打敗第二種。散戶沒那麼容易贏經理人，綠角筆下也提醒：「一個剛學跳水一年的年輕選手打敗了郭晶晶，或一個國中棒球隊選手卻投得比王建民好？」請問這可能嗎？

如果再比十年、二十年、三十年的投資績效，孰優孰劣，答案可能跟你想得不太一樣。

綠角這本《股海勝經》從不同角度切入，讓我們知道第三種方法比第二種好。

投資的眞意是賺價差嗎？

身邊許多朋友仍認爲，高手就是要經常低買高賣。究竟低買高賣對不對？有時候對，有時候不對。

買的前提是要買好的公司，好的定義是財報數字表現不錯且沒有造假，很多人買的那一刻已注定失敗，因爲他根本沒有評估是不是好公司就先買下去，更甚者，明知道是爛公司還買下去，賭別人比你笨，賭別人會因爲聽到一些馬路消息而繼續追捧（然後你就得以甩賣給他），這種投資邏輯往往沒有好下場。

好，好公司讓你低買了，等到高價就賣，對嗎？

如果這間公司獲利能力很強，業績持續成長，你賣掉是對的嗎？

統一超商有很長一段時間，股價在六十塊上下，如果你買在這種價位，等到二〇一〇年漲到一百二十塊的時候，你會不會覺得天縱英明，股神是你，想要全數賣掉賺價差？如果你賣光了，你就錯過了二〇一一年的一百八十塊、二〇一四年的兩百四十塊、二〇一八年的三百塊，更不要說每年的現金配息。

綠角書中提醒：「指數化投資有個重要的涵義，那就是讓投資人持有經濟的一小塊。」眾公司提供人類生活的服務與產品，我們持有眾公司的股份，就是參與眾公司的成長，參與人類經濟的成長。

綠角也換句話說來詮釋基本又重要的投資邏輯：「假如你是個種果樹的果農，你的獲利來自哪裡？是來自果樹壽命終止前所帶來的每一次收成，還是在果樹拍賣市場中，試著便宜時買進果樹，高價時賣出果樹呢？」

收成果實，是正和遊戲。

買賣果樹，是零和遊戲。

魔鬼到底在哪裡？

很多人不知道基金的經理費對自己原始本金的戕害有多少。如果我們連轉帳費用都想多省一點（可搜尋渣打銀行的心幸福帳戶），為什麼不在乎經理費的損耗？

綠角提醒，「譬如股票型基金經理費一．五％，這就表示每年從基金資產中內扣一．五％的費用」，他也舉實例提醒讀者：一百萬的金額，一年後變九十八萬五，兩年後變九十七萬多，四十年後剩下五十四萬多，如果再考慮通膨，數字更慘不忍睹。

綠角請大家上投信投顧公會網站查詢，只要google「投信投顧公會＋各項費用比例」，就可以查詢國內各檔基金的各項費用比例，譬如第一個欄位我們選二〇一八年，同一行第二個欄位我們選全年度，然後按查詢，各檔基金的費用比例就會一目了然。經理費超過一．五％的基金，所在多有，所有費用超過三．五％的，不少檔赫然在列。

許多人買基金，正因爲「未能看到費用的殺傷力」。當你意識到原來費用年年侵蝕投資本金，你才會心死，決定改變自己的投資行爲。

第一名常會重摔，第四名竟成狀元

讀完綠角書中〈4433法則的無用〉之後，建議再讀綠角網站上的文章：〈基金排名的變化，以台股基金為例〉。

二〇〇六年，單年報酬率前三名的基金，隔一年就變成一百五十九名、一百五十三名、一百五十五名。

而二〇〇七年，單年報酬率排名前三名的基金，隔一年又變成五十五名、六十五名、十三名。

接著，二〇〇八年，單年報酬率排名前三名的基金，隔一年卻也變成一百八十名、一百七十五名、一百七十九名。

這樣的數據應該可以點醒許多人「由過去績效來挑選基金」的危險之處，偏偏這也是許多基金公司愛拿來做廣告的素材，有意無意的讓你認為今年的第一名，一定是來年的第一名（或至少也是前段班）。

綠角用一種比喻來說明指數化基金的角色，想像所有投資人處於一個九人的小班級上，指數化投資人每次的排名都在第四名，第四名聽起來好像不是很厲害，但厲害的是，他每個學期每次月考每次小考，都是第四名，這次考到第一名的同學，隔一次掉到第九名；考到第二名的同學，隔一次摔到第八名；反倒這個老四，永遠都維持第四名，結果小學畢業的時候，領市長獎的是它。

假設這所學校附設一所完全中學，這九人直接直升，繼續競爭，這個第四名到國中會以市長獎畢業，高中亦然，爲什麼？因爲在這場競爭裡，除了他穩定位居第四名的優勢外，還持續有一個關鍵變數可以發酵：第四名的體力不會變差，但其他所有人的體力每年都會持續變差一點（每年都要扣經理費、保管費，以及雜支）。

巴菲特肯定指數型基金嗎？

巴菲特在二〇〇七年的股東會上，公開表示他願意以一百萬美金做賭注，參與賭注的人，可以挑市場上最多十檔避險基金做爲投資標的，而巴菲特直接挑標準普爾500指數。

標準普爾500指數，由在紐約證交所與那斯達克上市的五百間公司股票所組成，採市值加權。

比賽規則是：只要參賽者選擇的基金組合（扣除管理費），能累積比標普500更高的投資報酬率，巴菲特就輸。

避險資金公司Protégé Partners接受了巴菲特的挑戰，選擇五檔基金作爲投資標的，比賽時間從二〇〇八年年頭開始，到二〇一七年年底結束。

二〇〇八年金融海嘯，標普500一開始落後五檔基金，但從二〇〇九年開始，幾乎都沒有輸過，標普500在整場比賽中可說是從第二年起，一路贏到底。

最後，容我引用標普500又出現一次的地方：巴菲特的遺囑。上面寫著：「拿一〇%現金購買短期政府公債，另外九〇%投資在費用非常低的標準普爾500指數基金上（我建議投資在先鋒公司的基金上）。」

括弧內的「我」，不是我所加註，而是巴菲特的叮嚀，而先鋒公司的創辦人伯格，就是引領綠角投入ETF研究的導師。

奉獻——

施恩奉獻，凡事知止，人生已在幸福路上

約翰．伯格《夠了》

•••

《夠了》一書是指數型基金發明人伯格（有時翻譯爲柏格）的第七本著作，風格稍異於他的其他作品。伯格筆下往往談技法多於心法。《夠了》一書則是心法比例最高的一本。

什麼時候，我們會說「夠了」？什麼時候，我們會說「不夠」？

有人勸飲，準備倒酒，你可能會用手摀著酒杯，輕聲的說：「夠了。」

診所看診，準備打烊，你算了一下今天的病患數，想起診所的固定開銷，

哀嘆的說：「不夠。」

順著伯格的提醒，我們可以常常檢視自己的狀態：什麼夠了，什麼不夠？很多人可能認爲沒有一樣是夠的：薪水不夠、時間不夠、存款也不夠。有時對我們重要的人事物，我們投入的雖不夠多，仍不以爲意。我們總以爲一定能見到明天的太陽，而擱置了家庭與志業，寧可把時間花在其他地方。

順著夠了與不夠的討論，我們可以繼續想，生活中可以量化的各個面向：什麼做得太多，什麼做得太少？

手遊太多，睡眠太少？

雜物太多，整理太少？

抱怨太多，感恩太少？

炸物太多，蔬果太少？

勞動太多，運動太少？

伯格《夠了》一書，就是用他人生中最重要的十個太多與太少所寫成的。

伯格：巴菲特認為值得立碑的人格者

二〇一三年，我聽綠角演講而初聞伯格，而綠角在二〇〇六年已開始爬梳其智慧。

二〇一七年，巴菲特在致旗下公司波克夏的股東信中表示：「若要豎立一座雕像來表彰對美國投資人貢獻最多的人，這個人非伯格莫屬。」

到底伯格一生彰顯了何等價值，可以得到巴菲特如此禮讚？

伯格的祖父非常富裕，但伯格父親不善治生，遇上經濟大蕭條，遺產化為烏有，所以伯格三兄弟是半工半讀長大的。

工讀歲月對伯格影響正面，他稱「我們的生活費還是得自己掙，我們還得找工作，但我們也因此養成了責任感、進取心和紀律」，「我們很早就明白了承擔的喜悅」。

他念普林斯頓大學經濟系時，雖然拿全額獎學金，仍得打工：端菜、打飯、售票、採訪，甚至是排保齡球瓶。學士論文的撰寫，他論述「共同基金」，當時已嶄露頭角，完成論文後寄給行內高手，立刻獲得重視，一畢業就得以赴威靈頓管理公司（Wellington Management Company）上班，那年是一九五一年。接下來到他自立公司前的風雨，暫略不提。

一九七五年，他的公司先鋒開始運作。

先鋒一詞的典故來自一七九八年英法對峙的尼羅河之戰，雙方各有十三艘戰艦，英國名將納爾遜將軍（Horatio Nelson）指揮的戰艦先鋒號是英軍勝利的關鍵。伯格把公司取做先鋒，以此自況，他帶領的先鋒集團，要成爲「引領新潮流的帶頭者」。

複雜的太多，簡單的太少

《夠了》一書有三個篇章，分別是：〈費用太多，價値太少〉〈投機太多，投資太少〉〈複雜的太多，簡單的太少〉，凸顯了先鋒集團的指數型基金跟其他主動型基金的差別。

家母十幾年前只聽銀行理專三言兩語，就幫我們家三兄妹各買了台幣一百萬的主動型基金。家母的角色就是伯格引用美國大法官路易斯．布朗岱斯

（Louis Brandeis）說的：「投資人位於投資食物鏈的最下方，負責供養整個投資食物鏈，可是這個投資食物鏈，卻向投資人收取很高的費用。」

有一天我問家母，那一百萬是投資哪些公司，她說銀行的人說得很複雜，她也不清楚。

隔幾天我請家母再詢問，百萬基金價值多少，竟然只剩下六十餘萬，對方講得有點不好意思，但話鋒一轉，推給景氣跟匯率。

每隔半年，我都請家母詢問，結果每次的答案都是六十來萬，解釋依然是景氣跟匯率，我一點一滴的對理專喪失信心。我認爲家母投資的唯一意義是：讓理專有月薪可領。

購買基金之初，我們以爲買了一隻金雞母，每年有金蛋可撿，雞母還會變肥壯。

結果金蛋不知所蹤，雞母日益消瘦。

於是接下來幾年我不斷累積相關知識，有一天終於成功說服家母，讓她毫無懸念的賣光這些基金，然後決定再也不買這類產品。

為什麼？因為接下來幾年，我自己挑選股票的績效，已遠勝他們，我又何必信賴他們挑選的能力。

當時我把整條街上銀行委任的保全公司都給抄下來，發現八成銀行都雇用某兩間保全公司，後來又查了更大範圍的資料，發現這兩間保全在該行業市占率超過九成。我就買這兩間保全公司的股票，每年領股利，持有的六年期間，先不論穩定增長的股利，兩間公司的股價還各漲了五〇％，笑傲這些理專。（不過，請別複製我的方法，因為這兩間公司後來發展遇到瓶頸，目前已經漲不動。我認為最好的投資方式還是購買指數型產品。）

理專收費之後，一部分成了他的薪水，七折八扣後的資金，讓基金經理人拿去挑股票，他們根據眾多雜訊，不斷做出反應，愈挑愈頻繁。他們多進出一次，證交所就多賺一次手續費，台灣的證交所股票不能買賣，不然我一定買證交所股票，因為這些緊張兮兮的經理人，長期穩定的貢獻手續費給證交所。

不只台灣的經理人如此，美國也是。從短時間來看，確實存在明星基金經理人，但時間拉長，他們的明星封號，前面會加上褪色，後面會加上不再點石成金。

先鋒公司的指數型基金究竟厲害在哪？

引用「綠角財經筆記」對於先鋒公司知名產品VTI的詮釋：「美股代號VTI的Vanguard Total Stock Market ETF成立於二〇〇一年五月二十四日。追蹤CRSP US Total Market Index，指數名稱中的『Total Market』代表這是一個全市場指數。全市場意即同時囊括美國股市的大、中、小型與微型股（Micro Cap）。該指數的表現，就是整體美國股市的表現。像這種追蹤全市場指數的ETF或指數型基金，透過它，投資人會取得『市場報酬』（Market return）。取得市場報酬，就是指數化投資的目的。而不是藉由什麼操作，去達到勝過市場的報酬。」

主動型基金的調性是：費用太多，價值太少。一筆錢投資主動型基金，賺賠都要拿一部分發薪給基金經理人跟理專，剩下的資金又因爲經理人頻繁換股而損失在手續費，最後雪球愈滾愈小；若又押錯寶，如烈日當空，雪球融冰加速，一攤死水，早可預期。

指數型基金的調性是：費用較少，價值較多。它們手續費極低，不用養基金經理人來挑股票，簡單說其產品的持股組成原理是：「哪間公司市值大，相對持股比例就高。」換股頻率極低，他們對風吹草動的消息保持鈍感，只跟著市場的表現微微調整持股，手續費極少，最後雪球愈滾愈大。

物欲太多，奉獻太少

伯格是一位有能力賺進大把財富，也讓很多人跟著他的智慧賺到財富的一代宗師，很多人有錢之後會在奢華之道上迷路，伯格在〈物欲太多，奉獻太少〉這一章裡，以電影《法網邊緣》闡述他的核心價值。

該片的背景是麻州小鎮發生了水源汙染，居民找律師打官司。起初律師的目的是幫居民爭取賠償金，以及希望爲自己博得美名。隨著打官司的過程，他愈來愈同情這個小鎮的居民，自掏腰包追查水汙染，結果搞得自己負債累累，電影的最後一幕，他站在破產法庭上。

破產法庭的法官不敢相信過去成功有錢的律師，何以淪落至此。法官問了一句：「那些用來衡量人生是否成功的東西，都到哪兒去了？」

如果電影是一首詩，上述那句話就是詩眼。

伯格藉這句話請我們思考：「我們應該用他擁有的東西來衡量他，還是應該用他是什麼樣的人來衡量他？」

伯格在另一章裡，回答了那位法官的問題。

他認為成功不能用短暫虛幻的名聲來衡量，不能只用金錢衡量，但成功可以用以下幾個標準來衡量：

一、幫助同胞。

二、為建立美好世界做貢獻。

三、把子女教養成懂得關心別人、奉公守法的好公民。

「不以獲得多少東西來衡量成功，應以對社會做出多少貢獻來衡量成功」，這是我從伯格身上學到，遠比指數投資更重要，而且受用一生，足以當成座右銘的智慧之語。

Chapter 5
家是堡壘，先依賴後互賴

語言——

打造良好早期語言環境，一生受益

丹娜·蘇斯金《父母的語言》

• • •

我小時候在鄉下火車站旁的街上長大。台中市車水馬龍，我們這邊舉目所及，盡是農田跟荔枝園。

外公當時經營百貨行，我不到一歲就會學外公說話、招呼客人：「人客來坐！」客人都覺得很鮮。八個月大時，我已經會念英文A到Z，鄰人促狹，故意把字卡顛倒放，據說我將頭慢慢調轉，倒過來看，正確念對，弄得鄰人投降，直喊「伊眞正會曉（ē-hiáu）、眞正會曉啦」，不敢再捉弄我。

也因此，外公特別疼愛我。及長，他用台語解釋「頂手」（téng-chhiú，前面經手的人）「本錢」「利純」的意義，跟我解釋他怎麼做生意。

上幼稚園之前，我暴露在以台語爲母語的環境中。念幼稚園時，猶記得第一次學到作夢的台語，念法是「眠夢」（bîn-bāng），當時我已知道網子的功用與樣貌，我以爲大人跟我解釋的是「眠網」（bāng），讓我不解作夢跟網子究竟有什麼關係。

夢跟網當然八竿子打不著。但如果你是驚悚小說大師史蒂芬·金的書迷，應該聽過《捕夢網》。那是另一個故事，是北美原住民族以羽毛、串珠做成的手工藝品，號稱可以捕捉好夢，阻擋惡夢。

外公之外的親戚，雖然也會用台語跟我溝通，但多是喚人吃飯或命令之類的重複詞彙，稱不上學習。學齡前我沒接觸過繪本，也很少有人講故事給我聽。

唯二會講故事的是父親跟小姑。但家父工作忙碌，晚上要看夜診，能講故事給我聽的時候，通常我已經入睡。他這一生講故事給我聽的次數，不超過五次。小姑住得遠，以前我會被特別安排到她桃園蘆竹的住處過暑假，猶記得她講故事時，我總深切期待。

有一次回基隆老家團聚，那晚我在基隆過夜，雖然大燈關了，伸手不見五指，躲在棉被裡，猶記得我心情興奮的迎接小姑鋪陳的故事劇情，她的招牌菜是「阿鼻哥」，講一個很會流鼻涕的人的日常，當時我很興奮的問她怎麼知道這個故事，她說是她小時候家父說給她聽的。當下很震撼，原來故事可以讓另一個人記得半輩子。

上小學前的暑假，幾個相識的家長把我們這些幼稚園畢業生，送到一位林佳音老師家裡，提早學注音符號。林老師字正腔圓，教學循序漸進，讓我們接軌小學時，輕鬆愉快，坐在教室裡聽課，已是複習，而非追趕不及。

以上，是我七歲前的語言環境跟母語學習的記憶。

母語不要輕言放棄

《父母的語言》一書作者丹娜．蘇斯金是一位外科醫師，專長是植入人工耳蝸。她根據許多科學證據提出：「早期語言接觸對發展中的孩子至關重要。」

她倡議早期語言接觸。對大多數美國人來說，這裡的語言指的是美語，但

《父母的語言》一書有個段落特別提到母語，因為美國是個移民大國，對下一代的學齡前教育，母語教育應該放棄，還是和美語雙軌並行，就是一道難題。

作者是第三代美國人，她的外曾祖父十二歲時赴美，一天工作十小時捲菸以圖溫飽。打從作者母親童稚時，家族成員只說英語，偶爾以母語說些片語，她說家中長輩「從不嘗試對小孩說英語以外的語言」，因為長輩認為：「如果小孩說或聽英語之外的任何語言，將有非常不好的影響。」

蘇斯金說：「他們的想法錯了。」她同時也擔心，仍有不少拉丁美裔移民抱持讓下一代只說英語（不說西班牙語）的想法。

很多台灣家長也有類似的問題，他們認為如果小孩說或聽華語之外的任何語言，將有非常不好的影響。所以明明母語是台語、客語或原住民語的阿嬤，也要用盡力氣勉強自己捲舌跟孫子說不標準的華語。

蘇斯金指出，一九六〇年以前的傳統觀念是「雙語會對智力發展及智商帶來負面影響」，但較新的研究結果是：「會說第二種語言的孩子，擁有較佳的自我調整與執行功能。」

此外，過去較舊的觀念是：「嬰兒必須主動抑制一種語言，以便分辨另一種語言的意義，讓大腦忽視干擾並保持專注。」現在較新的觀念則是：「能說雙語的人，總是掌握著這兩種語言，而他們的大腦持續監控要用哪一種。」

佛羅里達大西洋大學的心理學教授艾麗卡．霍夫（Erika Hoff）是研究雙語對孩子語言發展的專家，她提出：「由於家長在成年後學習新語言（她舉的例子中，此處的新語言是英語），他們對字彙、語法、細微差異或整體能力的精通程度，絕不可能比得上母語。」

作者提出：「最好的情況，孩子從非以英語爲母語的家長那裡，學習家長本身的母語。同時也要與英語爲母語的人建立語言關係。」

我是幸運的，我幾乎是以這種模式長大，親人不會勉強自己用彆腳華語來跟我講話。家母情緒高張時，開口就是台語諺語，譬如有一次她要罵一位親戚老是出餿主意，她說該人總是「用別人的拳頭拇舂石獅」（lōng pát-lâng ê kûn-thâu-bó cheng chióh-sai.）。

家人提供我自在說台語的環境，林佳音、趙愛萍、林正佑老師教我說華語。

如果我的家人放棄用台語跟我溝通，勉強用彆腳的華語跟我講話，那學校老師幫我打的華語基礎就會被毀掉，連台語我也不會講。

三歲以前打好地基

《父母的語言》一書也指出孩子三歲前的教養關鍵。孩子從出生到三歲時，如果照顧者持續跟他進行有品質的對話，會對他腦部之後的發展有巨大影響。該書的副標是：「三千萬字，給孩子更優質的學習型大腦。」

三千萬字是怎麼計算出來的？

作者提及兩位認知社會科學家貝蒂．哈特（Betty Hart）與陶德．萊斯利（Todd Risley）的觀點跟研究。他們的見解是：「早期的語言接觸，對孩子最終學習成就具有影響力。」他們想要「透過學前教育，打破貧窮循環」。兩位學者研究了各社經階層的四十二個家庭，費時三年，每個月一次，每次一小時，由研究觀察員錄音並記錄。

來自專業人士家庭的孩子在三歲結束前，累積聽到的總字數，共有四千五百萬字；而來自社會福利家庭的孩子，總計一千三百萬字，相差三千兩百萬字。同時此研究也統計出，滿三歲的孩子，若來自專業人士家庭的孩子，能使用一千一百一十六個字；來自社會福利家庭的孩子，只能使用五百二十五個字，落差一倍。

他們覺察差異之後，想努力消弭差距。

很多家長直覺的認爲「反正他又聽不懂，不用跟他說那麼多」，這當然是錯誤認知。嬰幼兒一開始當然不懂，但如果家長了解小孩早期接觸語言刺激有多重要，因此持續認眞投入，孩子就會懂得快、懂得多，潛力得以開發。

家長若不知道這有多重要，就容易犯兩個大錯：一是不跟他說話，二是未等七坐八爬，就已讓３Ｃ產品常伴左右。不跟他說話，腦部受的刺激少，他學會的語彙就少；他手上的語彙少，對於數字、空間認知薄弱，連簡單抒發自己的感覺，敘述起來都顯得吃力。

３Ｃ產品得愼用，美國兒科醫學會明確建議：

一、一歲半以下的嬰幼兒除了視訊之外，不該接觸其他含螢幕電子產品。

二、一歲半到兩歲的幼兒若要接觸數位媒體，父母應安排高品質節目並陪伴觀看，協助幼兒理解他們看到的素材內容。

三、兩歲到五歲的幼兒若要接觸數位媒體，一天的上限是一小時。

很多人擔心若社經地位不高，能不能勝任語言刺激提供者的角色？如果今天的主題是高中數學，很多家長一定會打退堂鼓，但對出生後到三歲的嬰幼兒提供語言刺激的角色無涉社經地位，任何一個家庭成員都能做到。

三千萬字計畫的核心策略：三 T 原則

三千萬字的核心策略是三 T 原則，分別是：**Tune In**、**Talk More**、**Take Turns**。

Tune In，譯為：共情關注。意思是要留意嬰幼兒正在專注的事物，適時討論那些東西。

簡單說，你手上拿了一本繪本，本來你想講繪本上的故事給小女孩聽，但她一直在看一隻金龜子。如果你不了解共情關注的重要性，你可能會跟她說，先別管那隻金龜子了，我們來說故事；但如果你了解共情關注的重要性，你該做的是放下那本繪本，先跟她一起觀察金龜子，然後即興的跟她說一個金龜子的故事。

正如作者所說，這個原則提醒我們：「孩子需要的是，家長對她正在做的事感興趣。」

Talk more，譯爲：多說一點。

這裡所指的多，不是說話語數量多就好，「多」指的是照顧者的話語類型要多。

譬如說小朋友如果在看餐廳水族箱的海洋生物，我們不要只把重點放在數量跟生物名稱，以爲每次確認有幾條魚、幾隻蝦子後就覺得任務完成。

我們可以請小朋友猜看看，眼前這隻螃蟹有幾隻蟹鉗？有幾隻腳？所有的腳都一樣長嗎？牠的眼睛跟你的眼睛有什麼不同？牠吃什麼？牠有可能怎麼死掉？牠的原產地是哪裡？

Take Turns，譯者翻爲：輪流說話。

意思是不要只有照顧者一直說話，要和孩子對話。這是三個 T 中最重要的原則。

作者提醒，減少用是非題的問法。因爲回應是非題很可能會終結對話，也會讓孩子難以學習新事物。

開放式問題比較能讓彼此輪流說話，多問他們「爲什麼」或「怎麼做」？

如果用是非題，孩子可能會多用點頭或搖頭回應你。

問他們爲什麼或怎麼做，他們會學到拆解問題的技巧。

蘇斯金推廣「三千萬字計畫」，因爲她心中的願景是：「一個國家希望發揮潛力，必須確保人民能夠發揮潛力。提供孩子、家長及社區資源。」

她關心的孩子，不只是自己的孩子，而是所有人的孩子。

她的先生唐恩．劉（Don Liu）是一位小兒外科醫師，有一次陪自己的孩子在沙灘玩耍，看到兩個小男孩在湖邊溺水，他不加思索，躍水救人。男孩雙雙活著回來，一位勇士卻不幸殞命。

蘇斯金懷抱一份大愛，雖遭喪夫之痛，但她從痛苦中尋找能量，眼見美國「有太多孩子在不利成就的情況下掙扎」，她惋惜那些孩子不能在自己的人生中發揮潛力，她疾呼：「我們不能佇立岸邊！」

是的。我們絕不能佇立岸邊。她已告訴我們能做什麼、該怎麼做！

父母——三十堂家長必修課，鍛鍊每一位爲人父母

陳美齡《讓孩子面向未來》

•••

我問過不少朋友，有沒有思考過：「如何成爲更好的父母？」答案往往是：「我沒時間想那個問題，我只想成爲更輕鬆的父母。」原來，他們已經累壞了。如果我的問句改成：「想不想輕鬆的成爲更好的父母？」大家反倒爭相要答案。

答案就在這本書裡。

輕鬆並不是不費吹灰之力，而是有法可循，所以輕鬆。

本書作者陳美齡本身是史丹佛的教育學博士，三個兒子都獲史丹佛錄取，她和虎媽的育子路線儼然爲天平兩端。

住院醫師要歷練好幾年，才能擔任總住院醫師，簡稱總醫師。每位醫師的人生幾乎都遇過強如薩利機長的總醫師或弱無縛雞之力者。差別就在於，強的總醫師早在第一年住院醫師時，就模仿總醫師的遇事處置之道，常常自問：「如果我是總醫師，我會怎麼做？還有沒有更好的做法？」當頭銜改變時，能力也增長了，擔頭就不至於太重。反之，如果是一位凡事都挑最輕鬆做的住院醫師，遇事推諉塞責，當總醫師的頭銜繡在醫師服上卻力有未逮時，這樣不但自己辛苦，被帶領的團隊也氣喘吁吁。

父母也是。

很多人教子無方，小孩在公眾場合撒野，旁人委婉勸阻，卻往往以「我的小孩不用你教」爲盾。其實小孩何辜？有問題的是父母。小孩之所以沒有家教，很大原因是父母不具備父母力，空有父母頭銜，卻沒有扮演好這個角色。

我小時候常聽到一句恐嚇所有人的話：不要輸在起跑點上。陳美齡提醒：「孩子的起跑點，是從父母的頭腦開始的。」

陳博士這本書提供了三十堂給家長的必修課，分四大主題書寫：自我發展能力的培養、社會交往能力的培養、美國頂級名校未來的教育趨勢，以及父母的必修課。

什麼是自我肯定力？

在「自我發展能力的培養」這個大主題下，最醒目的一篇是談到培養孩子擁有恰當的自我肯定力，也就是「接受自己、欣賞自己、喜歡自己」的能力。

爲什麼要強調「恰當」的自我肯定力呢？

高估自己的孩子，不願意接受別人意見，可能會歧視他人。

低估自己的孩子，潛力無法發揮，不敢積極築夢。

那如何培養孩子的自我肯定力呢？最重要的，就是：「不要拿自己的孩子和他人比較。」

我考上台中一中時，台北的親戚打電話來劈頭說的第一句話是：「一中跟建中，哪一間比較好？」事實上，他跟他兒子都不是建中畢業，而且這種比較不但不健康，也沒意義。

如果角色易位，我會問那個上台中一中的高中新鮮人三個問題：

一、台中一中創校於哪一年，當時因爲何種歷史背景誕生了這間學校？

二、哪五位社會賢達出力最多？他們過去是什麼樣的人？

三、開學前，你去找十本該校畢業的校友寫的傳記來看，請你跟我分享最精采的一本，我幫你出十本書的書錢。你願意嗎？

如果一個家長早早陷入比較循環，他就會從孩子幼兒園的連連看或吃點心競賽、小學月考、畢業領取的獎項，到國中名次、高中志願、大學選塡、畢業收入，永遠都跟生活圈中的對象，逐一揪出來比較。若比輸了，就怒斥兒女無效或不孝；比贏了，就私自竊笑，把自己活得既狹隘又猥瑣。更可怕的是，他的下一代浸淫在這種比較文化中二十年，也會學著如此看世界。

有一位三十出頭歲的醫師陳信諭兩度參選高雄市議員，得票不惡，兩次都有萬餘票，但選上議員需要再高一點的票數。他二度參選時，臉書上有一位中年醫師不屑的批評其從政之舉，然後說當醫生就要像他承受高工時，用專業賺錢，該中年醫師對自己月薪百萬洋洋自得。這就是一種認爲自己比別人賺得多就能指點別人人生的傲慢。若要相比，這位中年醫師相較加州醫師黃馨祥兩千億的財產，不過滄海一粟。

陳醫師一心救國，敢爲天下先，我相信他一定是一位接受自己、欣賞自己、喜歡自己的人。

和孩子談性

在「社會交往能力的培養」這個大方向下，我認爲最重要的就是〈如何和孩子談性〉這篇文章。

我常常從身邊的心理師、兒科醫師，以及人本教育基金會員工的友人臉書分享上，得知有許多遭受暴力者（當中當然涵蓋性暴力）。

幾十年前的家長總一廂情願的用「長大你自然懂」來搪塞和性有關的大小問題。近年在許多人的努力下，愈來愈多人逐漸接受性教育是一門需要及早學習的知識，因爲「壞人永遠不會嫌你的孩子年紀小」。

正確看待性教育應該是，針對三歲的兒童該提供三歲了解的性教育，面對十三歲的青少年該教授符合十三歲的性教育，若是高中生則該傳授高中生應該知道的性教育。

作者陳美齡大兒子三歲時，兒子就問她：「嬰兒是從哪裡來的？」「是不是媽媽肚子打開，然後嬰兒走出來？」「爲什麼媽媽肚子會變大？」很多家長在這個時間點，可能會嫌孩子都還聽不懂，所以用荒謬、誇張、敷衍的說法帶過。這實在可惜，作者建議：「早點和小孩子談談生命的誕生，用他們明白的說法，解釋生命的來源。」

譬如說，對於十三歲的青少年可以解釋，因爲爸爸的精子和媽媽的卵子結合，讓媽媽的肚子大起來；但三歲難以理解精子、卵子，就可以用「爸爸給媽媽的禮物」來代替精子，「媽媽給爸爸的禮物」來代替卵子。

誠如作者所說：有正確的性觀念跟知識，才是保護孩子最好的方法。

史丹佛是學霸俱樂部？

或許某些家長覺得本書的最大亮點是這一家人，五位中有四位念史丹佛大學，所以最喜歡「美國頂級名校未來的教育趨勢」下的幾篇文章。

這幾篇談史丹佛的文章其實也眞的寫得很好，好的地方在其破除許多對史丹佛的種種迷思。

作者先替史丹佛錨定，說史丹佛並不是只挑高中學霸，學校選拔的是「最有前途，可以爲社會做貢獻的年輕人」。

她也引述學校官網，談選拔學生的條件並詮釋之。譬如申請前遞出的成績單必須是前二〇%（不必到一%），意思是說，這表示校方認爲學業成績固然重要，但不是唯一重要。

如果成績之外乏善可陳，那該生被錄取的機會就不高，如果已經是一位發明家，或者是家族裡面第一位有機會進大學的人，那就有機會受青睞。

作者深知學業成績只是申請大學的衆多條件之一，所以鼓勵三位公子發展自己的興趣：長子對公共事務有興趣，中學時期就勇於擔任學生領袖；次子喜歡音樂，高中時就和出版社簽了作曲合約；三子熱愛電腦，小學時就幫學校設計網站。

若說她的孩子有什麼共同點，她的孩子都具有「自學」「好學」「活學」之心，有好奇心、有發問欲望，自己會去尋找知識，每學到一件事，都讓生活改善一點點（正如先前所提的公共事務、藝術欣賞、資訊遞嬗）。

分配工作和育兒時間

在「父母的必修課」這個篇章中，談到了父母的工作態度、溝通模式、教育觀點如何影響下一代，這幾篇最精采的當推〈如何分配工作和育兒的時間〉，因爲作者同時是歌手、電視主持人、作家、教授，大忙人的方法當然最具說服力。

作者教人先把你覺得重要的事情，排出優先順序，然後時間的分配就自然清楚了起來。如果你排不出事情的緩急輕重，時間當然就不知道流逝到哪裡去。

作者疼小孩，小孩還小時，她上美容院只剪髮，不洗頭、不吹頭，遑論跟人八卦，因爲時間的第一順位是要留給孩子的。

作者心中另一件很重要的事就是孩子的健康，所以她會盡可能料理三餐，照顧家人健康；早上她可以同時做好早餐跟中餐的便當，還盡量推掉晚上的工作，因爲幫孩子做晚餐的重要性大過其他事情。

她的孩子低年級時，她會和他們一起做功課，打好基礎，養成良好的學習習慣。

同時也訓練孩子，家務是大家的事情，誰有空就誰做，大家都累時就一起休息。

作者每天都會告訴孩子當日工作（的地點、性質），所以她的孩子可以想像媽媽在做什麼，眞的要找媽媽也知道從何找起。

如果用國家治理來比喻每個家庭的話，我覺得作者家很像瑞典。因爲瑞典連總理請客的菜單，都是公開資訊，所以瑞典總理與人民間沒有「不能說的祕密」。無論是家長行蹤，或是有些家庭認爲難以啓齒的性教育，在作者家的做法都是提供公開透明的資訊，這讓彼此互信關係愈來愈好。

想經營好一個家庭，就必須具備父母力。想鍛鍊父母力，這本書共有三十堂課，就好像三十個關卡，等著我們改變觀念，打怪晉級。

界線——畫好那道與家人的財務界線

李雅雯《與家人的財務界線》

眾理財書籍的切入點從約束欲望、記帳習慣，到鑽研選股、配置資產，雖然琳瑯滿目，卻鮮少有一本特別談遠離有毒姻親、有毒血親的書，而這明明是許多人財富累積之路卡關，甚至是掉入無底洞的致命關鍵。

我們想像每個人都有一口池塘，只是我們的池塘小了些，而郭台銘則有個無邊際大池塘。我們以工作所得灌注這個池塘，讓它表面有個浮萍隨水流的樣子。工作打拚的過程中，我們把部分儲蓄放郵局，郵局每年貢獻「涓滴」給我們的池塘；再過幾年，我們若買統一超商的股票，股息比郵局的涓滴再多些；如果我們懂得全球布局，定期把錢分六份買VT、VTI、VNQ、VNQI、BND、BNDW，有很大的機會將長期穩定的讓我們的池塘荷花搖曳。

無論池塘是大是小，只要池塘下方有條管線，不論孔徑粗細，不定期讓水外流，那池塘早晚乾涸。

細讀作者李雅雯《與家人的財務界線》一書，驚覺天底下會拖累人的傢伙們，長得還眞像；而心性未定，任人予取予求的濫好人們，也都是一個樣。

手足之子的註冊費要你幫忙，該怎麼做？

我有一個遠房親戚，每當註冊季一到就把兄弟姊妹找一輪。以註冊費爲由，以子之名，向手足開口；從小學到大學，十數年如一日。兄弟姊妹念在過去他擔起照顧父母之責的分上，一次又一次的幫助他，直到他的孩子大學畢業。他的孩子以研究所補習班學費之名，繼續向親戚開口借貸。大家紛紛認爲已仁至義盡，且他們家每個成員都已經有工作能力，不願再伸手；對方卻以死相逼，把情感綁架用得淋漓盡致。

我們該如何拆解類似的問題？

本書提醒了三個概念：**金錢圈**、**不「一」原則**、**金錢界線**。

強納森・瑞奇的金錢圈

作者引用了強納森・瑞奇（Jonathan Rich）的金錢圈理論，這個圈圈長這樣：

最核心：我自己
核心外第一圈：伴侶
核心外第二圈：小孩
核心外第三圈：父母、兄弟、姊妹
核心外第四圈：慈善團體
核心外第五圈：朋友

想像一張空白圖畫紙上涵蓋了這些圈圈，一開始所有的圈圈都沒上色，如果某一個圈圈上了色，代表該圈圈的角色，可以使用核心主角（也就是：你）的錢。

有的人連對配偶、子女都很吝嗇，不允許別人支配他的錢，那他的金錢圈只塗滿最核心；核心外的圈圈都沒有上色，別人動不了他的錢，他也不在乎別人貼上鐵公雞、守財奴、吝嗇鬼的標籤。

有的人認爲父母的房貸跟兄弟的卡債自己也有責任擔，那他的金錢圈就必須上色到第三圈。

有些人逢人講義氣，喝過幾次酒的人就視爲換帖兄弟，爲人作保不迴避，那他的金錢圈要上色到第五圈。

我建議每個人可以先把這個金錢圈理論調整爲符合自己現狀的版本，再據此思考未來的狀態。

譬如我就是一個不願借朋友錢，但欣然定期捐款給公益團體的人，所以對我來說第五圈終身不存在，因爲我揹的貸款很重，很可能比想開口的朋友還重，哪有一個身負千斤重擔的人，還要替只揹三斤的人多揹一些的道理？

又譬如那些長年爲理念奔走的非政府組織和基金會，如人本、綠盟、台權會，我在人生任何階段都願意依當時能力捐款給他們。奉獻讓我在工作時，更感受到自己的價值。

對我來說第三圈也不存在，手足要爲各自的財務狀態負責。如果我有弟弟，他小孩想念註冊費十萬的學校，他若感到吃力跟我開口，我會用一句台諺勸他：「汝三兩人，揹百外斤。」什麼樣的財力，就去做相對應的安排才對。

我微調後，自己需要的圖是這樣：

最核心：我自己

核心外第一圈：伴侶

核心外第二圈：小孩

核心外第三圈：慈善團體

我的伴侶自己也有工作收入，所以我第一圈涵蓋她的意思是，我請她吃飯不管吃什麼都不用ＡＡ制。

隨著未來收入穩定成長，行有餘力，主要是要照顧第三圈，而非任何不追求金錢上獨立自主、不為自己負責的的血親或姻親。

李雅雯的不「一」原則

作者這麼闡述不「一」原則：把一顆雞蛋煮熟，需要很多條件，譬如要有蛋、爐子、水，水要被煮開；而爐火點燃，要有瓦斯，管線不能外洩，瓦斯栓閥方向要正確。如果連將一顆雞蛋煮熟都有這麼多條件，那為什麼一件壞事發生的時候，只歸咎一個人？

回到我舉的遠房親戚的例子。當初因為他照顧父母，無暇分身去工作，所有手足（尤其是長子）都應該坐下來，一起談父母的既定開銷，以及他因為照顧父母而沒去工作的機會成本。其他人應該一起分擔，眼前如果無法分擔金錢的人，那就要等比例的放棄財產繼承權，支應這些開銷。

不談清楚，變成一團爛帳。每個人都認爲自己吃虧，內心對彼此只有怨懟。如果談清楚，當初沒有直接照顧父母的人，必須共同分攤那份工作收入與父母的開銷，相信大多數人都能理解接受，但如果因爲「沒有直接照顧父母」，就一輩子被情感綁架，任誰也無法接受。

故事中的遠親，遇事往往每次在電話裡就放低姿態，接電話的人心一軟，隔天錢就給劃撥過去。錢來得容易，時間久了，一方認爲理所當然，另一方火山準備爆發。

但這個遠親，財務狀況眞有差到經常得跟人伸手嗎？其實他手上早有一間已無貸款的台北市精華地段的房產（目前市值超過六千萬）。明眼人應該都能給出明確又能逆轉命運的建議：

一、賣掉房子，換小間或租賃。

二、子女去念公立學校。

三、網路上有很多優質學習資源，量力而為才是對人生負責的態度，身教是最好的家庭教育。

回過頭來看，當初沒有力主大家應該坐下來談的每一個人，都有一份責任。用這個角度回溯與反思，每個人都會對這個伸手借錢的人，多一分寬容，少一分鄙夷。

亨利・克勞德的金錢界線

很多家庭經常充斥長輩一句：「自己人不要分那麼清楚。」通常這種家庭日後紛爭最多。即使是手足間租賃，也應該訂定詳細的契約，把修繕、稅費的責任歸屬，白紙黑字寫下並確實遵守。

作者引亨利・克勞德（Henry Cloud）和約翰・湯森德（John Townsend）的金錢界線之說，指的是錢包的界線，他們將金錢界線比喻為後院草坪的籬笆。

現實生活裡，我們若動了憐憫之心，用錢幫了一些人。有時候，我們心情變得更好，這表示我們的金錢界線沒有被侵犯，通常是我們捐錢給慈善、公益團體；但有時候，我們心情卻因此變得不好，甚至如作者所說的，變得憤怒、不滿。這時候，我們應該要覺察：我們的金錢界線被侵犯了。通常這種情況是，敢於開口借錢的親戚竟然有錢出國，懷中還抱著博美狗；而我們卻因爲借了他錢，出門連牛肉麵都不敢點，只敢點湯麵。

有些人賭博賭到身無分文，若要他接受手術、摘除一邊腎臟，賣去黑市當賭金，他通常會拒絕，但他會毫不害臊的跟手足借錢，讓兄弟熬夜工作，替他還賭債。

對這種人爲什麼不必同情？

因爲他都捨不得他的腎了，你爲什麼要爲了他捨得你的肝？

誠如作者所言，如果有人欠下卡債，是他自己荒蕪了自己的花園，對方應該承擔沒有澆水、施肥的後果。如果有手足代替他整理花園，他就喪失了自我反省跟整理花園的機會；而伸出援手的手足，自己也失去了金錢界線，不當的跨進別人的籬笆，做起不應該卻以爲很必要的剪裁澆灌。最後，兩個草皮恐怕都奄奄一息。

謹以兩位心理學家的金句做結：「藉由籬笆，我們才能知道，自己的草坪有多大？有多寬？我們要在哪個範圍內澆水、施肥、修剪，不在哪個區域內澆水、施肥、修剪。我們能分清楚什麼是自己的責任，什麼是別人的責任。」

伴老——防範未然的伴老聖經

詹鼎正、李翠卿《顧爸媽，這樣做最安心》

年輕時念書焚膏繼晷，考取的系所不一定如預期。

考取了相關執照，工作卻不一定順遂。

單膝下跪求婚，對方未必會點頭。

找到能發揮所長的差事，薪水也不一定夠你養家養老。

但世上有件事，我倒敢說「一定」：父母的衰老，一定比你預期來得快。

若能記取周遭長輩經驗，聆聽專家之言，掌握伴老重點，據此陪伴逐漸老去的父母，當伴侶、自己老去時，我們對於即將到來的變化將了然於胸。及早調整好自己的心態，維持自己的體態，就能用「日日是好日」的狀態，欣喜迎接每一日的到來。

而這件事從別人身上學到經驗的好處是：成本最低。

伴老第一要緊：安全與便利的住所

小學二年級時，我拎著小提琴，站在隊伍第一排（不是我最厲害，是我個子最小），威風的在台中市中興堂表演，台下坐著我遠從基隆南下的祖父母。

祖父中等身材，身形偏瘦，無慢性疾病，當時尚能和祖母相偕，搭快四小時的客運來觀賞我的演出，行動自如。但誰能猜到，隔兩年，換我北上基隆，送他人生最後一程。

如果家中有人具備老年醫學知識，他的死亡或許會來得遲些。那時的人沒有正確的「伴老」觀念。最危險的地方，往往就在家中，但沒有人能早一步有所警覺。

祖父是一位中醫師，住家跟診所咫尺之遙。他走路上班，連過馬路的風險都閃過。

他無應酬，絕緣於聲色場所，菸、酒、檳榔不碰。怎麼看都該長命百歲，到底怎麼迅速步上衰亡之路？

答案很簡單：跌倒。

當時他的臥房在二樓，一樓到二樓的樓梯級高近三十公分。隨著他年紀愈大，老化導致視力退化、平衡感變差、步態不穩，上下樓梯的風險日增。他有一次下樓時，踩空跌倒，傷及頭部，從此臥床。對我們的殷切，只能以眨眼、點頭來回應，幾乎不能言語，臥床年餘後，就此仙逝。

祖父年過六十時，若能從透天厝搬到大樓，轉換到一個較爲安全的生活環境，或許還能多活一、二十年。

《顧爸媽，這樣做最安心》作者之一的詹鼎正醫師，曾與其他作者爲文〈老年人跌倒之危險因子、評估、及預防〉，並在其中詳述跌倒一事。

而我個人的看診經驗則發現，醫生若講預防跌倒，其實很多家屬沒有眞的聽懂，總責怪老人家「不小心」，以為「只要小心點，就不會跌倒」，其實問題的癥結是：家屬對於老人家生理功能退化沒概念。預防跌倒的要務，就是要積極改變老人家的居所環境。你把環境變安全了，他們跌倒的機率就會大減。

透天厝換大樓是首選，經濟上若不允許，那至少把老人家臥房改設在一樓，如果偶爾還是有上樓需求（譬如到神明廳祭祖等），那家中的樓梯就得改裝樓梯為升降椅。若為了省錢什麼都不想改變，最後跌倒發生了，還是得花看護費。

詹醫師在書中也有幾個提醒，諸如：廁所或浴室安裝把手、床側安裝扶手、浴室裝設具防滑效果的地磚或黏上防滑條等。

住大樓的老人家，垃圾可以丟子車或資源回收室。如果住透天的老人家，還要追垃圾車，因此跌倒、骨折、住院的新聞，所在多有。請記得，年紀愈大，愈承受不起跌倒。若捨不得花錢杜絕跌倒發生，最後就會為了跌倒付出更多代價。

伴老第二重點：不做決定，別人會替你做！

很多手足在長輩生病或過世後，老死不相往來，長輩如果願意及早做兩個決定，很多紛爭都會消弭於無形：一個是預立醫療決定；另一個是遺囑。

有些人心裡有過不去的坎，總認為做上述兩個決定會觸霉頭。其實預立醫療決定者，把可能發生的問題提前做答，一旦發生，醫護就會遵循於此。若個人迴避預立醫療決定，那就是把做決定的權利，拋給還在世的家人。一家人若齊心，都還得傷神討論以獲共識，更何況各懷鬼胎、明爭暗鬥者？

《安寧緩和醫療條例》（簡稱《安寧條例》）的適用對象是末期病人，而《病人自主權利法》的適用對象則擴大為五類，包括：

一、末期病人

二、不可逆轉之昏迷

三、永久植物人

四、極重度失智

五、主管機關公告之重症，加上痛苦難以忍受、疾病難以治癒、無其他合適解決方法。

《安寧條例》允許末期病人，拒絕心肺復甦術及維生醫療。而《病人自主權利法》則讓病人選擇接受、拒絕或撤除「維持生命醫療、人工營養及流體餵養」等醫療照護選項。

時間管理中有一條準則，如果我們不安排自己的時間，別人就會替我們安排；反過來說，若提早預立醫療決定，就不會讓其他人代替我們決定。

那實際上要如何進行？必須赴醫院「預立醫療照護諮商」的診間，跟醫師、護理師、社工師、二等親一起討論將來重病時的醫療選擇。簽署後，醫院會把這份醫療決定書，上傳資料庫，註記健保卡。以後有個萬一，就依此來決定簽署者的意願。

伴老的過程，我委婉但積極的請雙親對於預立醫療跟遺囑做出決定，我沒有干涉做決定的權利，但我會執行該決定。這樣我跟配偶、手足就不會有疙瘩，不必再傷神。

同理，我也會提早做好自己該做的決定，不把一定會到來的問題留給至親。

伴老第三重點「三不一怕」：吃不多、大不出、睡不好、怕生病

伴老要掌握步入老年者的生理變化，就能正確因應，無論是心理上的支持，或是實際行動的介入。若理解不夠，就會準備不足，就容易衍生更大的問題，照顧者與被照顧者都將疲於奔命。

我把老人家的生理特點，用簡單的口訣「三不一怕」以提綱挈領。

吃不多：詹醫師的大作提及：「年輕時吃八分飽，大概三小時可以消化，但上了年紀可能要花五小時才能消化完畢。」老人家因爲胃酸分泌減少，食物排空較慢，所以應該少量多餐。

台語有句話說：「吃飯配話。」有個罐頭品牌則叫「飯友」，老人家吃飯真的要有飯友，吃飯才吃得開心。當然要記得，兩人都要把眼前那口飯吞下去後再說話，老人家更沒有本錢發生嗆咳。

大不出：老人家腸道蠕動減緩，腹部肌肉無力，更易發生便祕。我好友、大腸直腸外科醫師鍾雲霓的專書《痔瘡自救全書》中，提過五個健康飲食觀念，可以維持腸道通暢、避免便祕跟痔瘡：

一、以糙米、全麥吐司取代白米跟白吐司（取其高纖）。
二、新鮮蔬菜，烹調方式不拘。
三、新鮮水果取代甜食。
四、優格或優酪乳。
五、足夠的水分。

水分包括蔬菜、水果、湯、無糖飲品及飲用水，但不包括茶或咖啡，後兩者利尿，會讓水分跑到膀胱，腸道依然缺水，而導致便祕。

睡不好：老人熟睡期縮短，這是自然的老化現象。有些老人家睡前習慣喝水，結果睡沒多久，又要起來小便（男性還有攝護腺肥大的問題），入睡就更困難。

要改善老人家睡眠品質，我濃縮詹醫師書中重點：

一、過午不茶。一過中午，就不要攝取含咖啡因的飲料。

二、吃完晚餐若想睡先不要睡，寧可去散步。

三、營造良好的睡眠環境，臥室移除音響或市話。床只用來睡覺，不用來看書或電視。

怕生病：老人家免疫能力下降，詹醫師以軍隊比喻免疫系統，「年輕時，這支軍隊是精銳部隊；上了年紀則變成老弱殘兵，防禦力大不如前。」

除了適度運動，感冒大流行時不出入公共場合外，該打的疫苗，要及早注射。

老人家該打的三種疫苗是：流感疫苗、肺炎鏈球菌疫苗、帶狀皰疹疫苗。流感疫苗每年都要打，有些人抱怨打完流感疫苗還是會感冒，通常我跟他們解釋，打了流感疫苗，也會降低流感併發肺炎的機率（也就是減少住院的機率），有些人就能釋懷。而像打帶狀皰疹疫苗，可以大幅降低染病機率，即使罹患，也可以減少皰疹後神經痛的後遺症機率。

伴老課題多，上述內容已經涵蓋了不少伴老的重點，行有餘力者建議再詳讀詹醫師的大作。

此外，我還想介紹另一本書，作者是日本孝行執行委員會，其集結了五十五人抒發跟父母的互動內容成書，書名是《別以爲還有20年，你跟父母相處的時間其實只剩下55天》。這五十五天的算法是，假設父母餘命還有二十年。一年中，你平均兩周回家一次，一次吃飯兩小時；除夕、初一兩天算待上四十八小時的話，這樣乘起來是五十五天。

故事中有人分享，買了新房子，想帶老爸出國去玩。結果老爸突然過世，不但一生都沒出過國，連兒子的新房子也沒踏足過，兒子因而悔恨不已。

我前幾年意會到父母老了，每四、五個月寧可停診五天也堅持要帶他們到日本玩，一開始我老媽一直罵說，病人找不到你會跑到別間看，我說我不在乎，我只想帶你們去走一走。

到今年我老爸開始洗腎，又逢武漢肺炎，雙親猛然一驚，覺得過去幾年我的安排超級正確，如今他們想去，體力也不允許了。

父親有個朋友柯董講過一個故事，他有一次請子女每人拿起一張紙跟一枝筆，出題目說：請寫下孝順兩字。子女振筆疾書，人人搶快舉手喊完成，結果柯董目光一掃，所有人都寫完後，他慢條斯理的講一句：「孝順這兩個字，要寫，很簡單；要做，很困難。」

朋友們知道我帶父母出國，戲稱一打二，也常讚我孝順，但我定調自己是：「孝而不順。」我常常因爲自己心中有更遠大的志向而忤逆父母的心意，但這完全不影響我的孝心跟孝行，與讀友共勉之！

告別——先做好準備的人，得以相辭；沒做好準備的人，只能斷氣

朱爲民《人生的最後期末考》

• • •

朱爲民醫師的大作《人生最後的期末考》談了兩個人人都會遇到的課題：一個是臨終；另一個是殯葬。朱醫師主要以《病人自主權利法》爲尺規，引導讀者思考預立醫療決定爲何重要，以及如何完成；殯葬的部分篇幅雖少，但下筆精準，直指家屬心中最軟的一塊。

我本來擔心這個話題會不會太老生常談，訪問周遭許多友人，以及讀完爲民大作後，我才發現原來大多數人其實還沒準備好。面對這兩個課題，很多人只是想消極的用「沒看好了了」（台諺，bô-khòa^{n}-hó-liáu-liáu）因應。

有些人以爲自己會在睡夢中安詳辭世，若眞如此那還眞的不必擔心是否得拒絕急救、該不該放鼻胃管、要不要安排心理諮商？問題是，以這種幸運的狀態告別人世者，比例極低。如果沒有心理素質強健且齊心的家人陪伴，沒有及早做好面對無常的心理準備，往往都是狼狽、不甘、無奈的離世。

殯、葬的學問龐大，一窮二白的人，在台灣這個富有人情味的地方，反而不用擔心，因爲很多善心攤商、地方士紳都願意捐棺、協助下葬；反倒是愈有錢的人，愈有可能因爲子女爭產不休，落得冰封多時，無法下葬。

超過九成的人沒有簽立生前契約，一旦斷氣，家屬會遇到兩種狀況：一、可能被良心業者引導；二、可能被黑心業者拉著跑。譬如我祖母過世時，光一口棺材，被計價兩次，因爲我大伯待過國稅局，對帳是專業，一下就挑出計價有誤，對方連連道歉，然而一般家屬眼睛哭花、視線模糊，誰有力氣把帳單看清楚？

沒有預立醫療決定＝浪費國力

我希望所有成年人都及早預立自己的醫療決定。當然，這代表你可以選擇自己無論如何都要接受心肺復甦術，被電、被壓胸急救到斷氣的前一刻，我呼籲的是：請你及早決定。我並不去論斷你的決定，而是在意：你若不決定，做決定的責任，就落到其他親人頭上。

而讓其他人傷神自己早該做決定的事情，讓他們因而工作停擺，這不是浪費國力，什麼是浪費國力？

有些人沒做決定，是因爲意外來得太早，這無可厚非。

有些人沒做決定，是因爲他不知道自己可以做這個決定，這就太可惜了。已經預立醫療決定的人，可以多跟周遭分享。

有些人沒做決定，純粹是他不想面對臨終。一個人不想面對，最後他離世前，就得讓他家人不得不面對、不得不做很多痛苦又怕違背病人意志的決定，試問這樣累及家人的處事風格，有何智慧可言？

如果我本人已預立醫囑，決定生命若依法走到某個程度，我就放棄以鼻胃管灌入營養，屆時，家人雖不捨，也了解我的意願，不捨但踏實的陪我走最後這條路。可是萬一我沒有預立醫囑，屆時家人還得討論（甚至爭吵）放置鼻胃管與否，除非列席者意見一致，否則只要有一人與其他人唱反調，當初我的不作為，最後就成了他們彼此有嫌隙的起始點。

邁向死亡，並不一定是悲劇，而是人生交響曲既定的終章。已意識不清，又確定即將邁向死亡，靠著現代醫療儀器跟技術與死神進行勢均力敵的日夜拔河，這，才是悲劇。

心跳停止前的醫療相關決定，若是別人替我們所做，最後那一刻，意義就是斷氣而已。然而，心跳停止前的醫療相關決定，假使是我們自己老早就做好的，最後那一刻，意義遠不只是斷氣，而是與世間相辭。

預立醫療決定的幾個誤會

很多人沒有預立醫療決定，出自幾個疑慮，但平常也沒有機會跟醫師問清楚，所以就任由疑慮發酵。

最常聽到的疑慮有幾種：

一、預立醫療決定是不是等於安樂死？

二、預立醫療決定之後，是不是以後住院就被放棄，不會被救？

三、預立醫療決定要不要多花錢？決定以後要跟誰講，誰會知道？

第一個疑慮的答案：不是。爲民書中清楚解釋：「安樂死是透過藥物來縮短病人生命。」但預立醫療決定影響的是：當健康已不可逆轉時，允許自己有拒絕醫療（心肺復甦術、呼吸器、輸血、流體餵養）的權利。

第二個疑慮的答案：不是。譬如說，我老爸若完成預立醫療決定，在五種情況下，他不接受維持生命治療，或者是人工營養、流體餵養。這五種情況分別是末期病人、不可逆轉的昏迷、永久植物人、極重度失智、其他重症。也就是說，他若因肺炎住院，他仍會跟任何人一樣，接受完整的肺炎治療，不會被「放棄」。

第三個疑慮最重要，預立醫療決定不是自己拿手機錄音講一講就完成。年滿二十，或未成年但已合法結婚者，要去掛醫院的預立醫療照護諮商門診（醫療團隊成員有醫師、護理師、心理師或社工師），經公證或兩人（其中一人爲二親等內親屬）見證，註記ＩＣ卡，如此才算完成。

各醫院費用不盡相同，通常是三位尚未完成預立醫療決定的家人一起去掛號最划算。如果三位家人一起到Ｃ院掛號，那會以團體諮商計價：第一人三千五、第二人兩千五、第三人兩千；如果一起到Ｖ院掛號，第一人三千；如果兩人同行，每人一千五；三人同行，每人一千。請自行上網比較。

簽署生前契約：決定離世之後的安排

爲民的父母在二〇一四年就簽下「預立安寧緩和暨維生醫療意願書」。二〇一五年底，《病人自主權利法》三讀通過。二〇一九年一月，正式施行。同一年的十一月，我計畫完成兩件事：一是帶著父母赴爲民門診，完成三個人的預立醫療決定（我掛號後又不得已退掛，因爲父親當時健康走衰，無力赴約，必須先接受人工血管手術，然後準備規律洗腎）；二是幫父母購買生前契約。

爲什麼要購買生前契約？親人若驟然離世，禮儀公司會在我六神無主時，問我要什麼服務，而我不想因爲被暗示而購買，也不想被影射不孝而不得不買，我因此想事先端詳究竟有什麼服務項目。父母走的那一刻，我想打電話給那位早和我有契約關係的專業人士，而不是一個沒有互信基礎，我不得不和他打交道的人。

生前契約簽署下去，大概「殯」的部分就完成了，後半部就是「葬」。

我以前把殯葬當作同一回事，然而經過友人陳金山博士的解說，才了解：原來有的公司只做「殯」的業務，而有的公司只負責「葬」的業務，有的公司則是「殯葬一元化」。簡單來理解的話，「殯」的範圍大概是人從斷氣後、經過種種儀式到火化這一步；「葬」的領域則是火葬後送往靈骨塔或墓園，或是走環保葬，如樹葬、海葬等。

父母老化的速度「一定」比你預期來得快

家父從一九八〇年開始經營診所。他的老師是由北榮訓練出來的林忠輔主任，他在當時的省立台中醫院受林忠輔醫師的指導，開業的匾額也是由林主任所贈。

健保開辦後，他沒加入過，「生意」一向不惡。家父喜歡看書、交朋友。姑舉一例，有一位患者甄試大學前把自傳拜託家父改，家父也義務花時間幫她修改，最後順利考上師範院校；小患者後來還買一條蛋糕捲回來送給家父，他滿心歡喜、直誇這孩子很懂事，又心疼她多花錢，和患者有這種品質的互動，是他持續看診的動力來源。

但診次過多，年紀漸長的他毫無警覺。雖有固定晨泳的習慣，卻是在睡眠不足的情況下，被家母載去泳池。乍看之下，他每天都運動，但睡眠充足之下的運動，對身體健康才有正回饋。

母親到晚年才懺悔，年輕時不懂得「保護」家父。家父的用餐時間、午休時間、夜診結束該休息的時間，常常因爲一些親戚的電鈴聲，母親又把父親叫下來看診，以爲這樣子可以博得「會做人」的虛名。她後來回想，才驚覺這些都是壓垮父親身體健康的稻草，因爲平常看診時段他早已消耗體力，累積疲勞。該好好吃飯，該好好休息的時間，就該慢慢吃、好好睡，否則怎有體力面對明天？

終於在二〇一一年過年前夕，父親住院了。

住院前一天，本來還有一點轉機，父親一生中第一次跟母親開口要求休診，母親說已有八個人掛號，看完就休息。

結果父親傻傻的看完那八位患者，看診過程中，母親並沒有停止掛號，她繼續讓病人絡繹不絕的掛號。那天，父親看超過一百個病人，跟前兩天的病人量一樣。

當時的病人量，是壓垮父親的最後幾落稻草，讓我想起老子說：「禍兮福之所倚，福兮禍之所伏。」每當我聽到有交情的醫師聊到病人量，我總用家父的例子讓對方正、反面的思考。病人量多，不要高興，可能是死神在敲你的門。

當時我在不同城市忙自己的事情，接到大妹的電話說父親咳嗽未癒，當晚我就回家。我習慣睡頂樓，也習慣早起，清晨六點我從頂樓走到二樓吃早餐時，驚覺父親從一樓走到二樓，邊走邊咳嗽。

我問他怎麼這麼早起，他的答案是：「我一直咳嗽，怕吵到你媽睡覺，所以我在一樓的按摩椅睡到天亮。」

我心裡暗叫不妙，到八點我媽起床，我強烈要求讓我父親休診，帶他到我當時服務的醫院胸腔科就診。一照X光，果然，肺炎確診，所有報告彙整後的結果是：肺炎併發心衰竭及急性腎衰竭。當時的主治醫師許人文副院長說，我父親有九成的機會會走掉，經歷兩週治療，很幸運的轉危爲安。

後來父親的腎臟病固定在中國醫藥大學附設醫院的黃秋錦副院長門診追蹤，黃副聖手讓我父親多撐了好多年，才開始洗腎。

有句英國諺語說：「不要爲打翻的牛奶哭泣。」

偶爾，我們也會怨懟，但怨懟像個黑洞，會將每個人吞噬，我們只能選擇向前看。

目前，我就像花旗銀行的前董事長管國霖，爲了照顧父母，提早從職場退下，陪伴父母就醫的空檔，我把握時間閱讀及書寫。

週間我安排兩次的皮拉提斯課，請 Cindy 老師幫父母量身設計各一小時的課程，針對手的握力或核心肌群加強訓練。週末再安排陳姓物理治療師，到府幫我父母徒手治療各一個半小時。

我們早該認眞、但有所取捨的過每一天。

我們要當做好準備的人，那一天來臨時，心滿意足的跟人世間無憾相辭。

Chapter 6
兼善天下，助人不分國界

自由——
卸除內外束縛，奔向徹底自由

李惠貞《成爲自由人》

• • •

你的人生要走父母「好意」安排的安全路線，還是自己涉險前往未知的天邊？

假如人生的終點有一袋寶物，只要順著父母給你的藏寶圖路線走，一定能拿到，你要不要走這條路上沒有猛獸的安全路線？又或者，你願不願意忍受一開始刺耳的質疑聲，自己得先費勁找出屬於你的藏寶圖，然後踏上那條險阻重重的征途？

你可能會盤算，前者的寶物，十拿九穩，探囊取物。你或許也會猜，後者那條路，充滿未知，讓人踟躕。

縛住 VS. 自由

台語說「縛住」（pák-tiâu）與「自由」（chū-iû）是兩個對立的概念。開診所的醫師尤其脫離不了「縛住」的狀態，若想出遠門散心，體貼的醫師娘可能會協助安排，相偕成行，但短視的醫師娘可能嚷嚷：「不行，患者會流失。」意思是你沒開門，別間診所仍營業，患者若換診所看，恐怕「一試成主顧」。更甚者，住家就在診所樓上，厚顏的親戚往往不客氣的在午休及深夜等非看診時間狂按電鈴，半強迫你起來看診；以血緣之故，藉醫德之名。於是乎，醫師被他看診的場所牢牢束縛，連本來的休息時間，也可能被隨時響起的電鈴打斷。

上述不是新聞剪報，是家父黃金歲月的側寫，而我的人生劇本從小就被家母寫好：複製你父親的人生，然後貼上！

這樣的人生，怎麼會讓人期待？

前半生我用各種理由數度掙扎逃脫，最後還是父「病」難違，二〇一六年中，我從美國加州 Nancy Duarte 的研習教室趕回台灣。臨危受命接下診所後，獨立經營了三十九個月，在其他的安排都妥貼後，毅然結束診所營業。半年後，舉世壟罩在武漢肺炎下，好友紛紛私訊道「恭喜」，稱我半年前的決定是「超完美轉身」。

接下診所之初，家母希望我不要再做任何改變，以原狀經營就好，但我不答應。

既然得接，就得逐步打造一個讓我心底舒服的環境，以及催生我理想中的企業文化。接手之後，我每個月把當月盈餘投入一項變革，某個月卸下入口處一幅山水畫；騰出的空間，委託有情門（木器製作品牌公司）設計一個比喬丹還高，比皮朋張開手臂還寬的書牆，讓往來的患者可以自由取書，不需登記借閱，不必歸還，也不用拿家裡的書以一抵一。我只有一個目的：鼓勵人多看書。

很多人不知道，廣讀之後我們腦中才能累積足以迸發新想法的燃料，才有機會善用別人的智慧，提升工作效率，甚至轉換跑道。其他事情的排序若堆疊在看書之前，我們只會複製昨日的工序，日復一日，益加無滋無味。

張羅書牆之際，朋友私訊介紹李惠貞小姐為了推廣閱讀推出的「獨角獸計畫」，我因此搜尋其著作，有一本《成為自由人》，我被書名吸引，立刻下訂，細細讀完，餘韻迴盪我心。

作者一路走來的心路歷程，我讀來格外有共鳴。

家母眼中，我是個不配合她人生計畫的長子，她的計畫很簡單，就是要我成為一位醫師，然後守住她跟家父打拚起來的診所，盡可能長時間看診、不要休診，如果午休有親戚按電鈴，也得起身看診。

我相當程度的配合家母，醫官退伍後，徘徊十字路口時，我最後選擇住院醫師之路，放棄了當紅英語名師要讓我接班的訓練之路。我暗自立誓，這是我最後一次順家母心意。最後我取得家醫科專科醫師的資格，在台灣，這代表你可以擔任診所負責人，如果沒有拿到專科，那就只能「互人請」，其實親自經營勞心勞力，「互人請」還比較快活。

進醫學院的同時，應付功課之餘，我順應自己本心，關心家國的雜感屢屢投稿報章，遇顏文門、蔡宏明、陳垣崇、林沉默等前輩賞識，讓我文章屢見報端。辯論我辯到台北市長請我吃飯；徵文我寫到進總統府領獎。

擔任住院醫師時，一個月會有一個完整的週末，時間我都拿來學習不動產知識、評估財報與資產配置。

住院醫師結束之際，我的 gap year 去做了一件本來打算六十五歲才要做的事，我指的是兩百二十二場公益性質的環球演講（本來只想環島，後來美加等地邀約不斷，連巴西跟日本都有邀約）。

作者李惠貞在筆下的〈無法預期的人生如何準備〉中，曾鼓勵讀者：「此刻你有任何學習機會，就好好去學。一分一秒不要浪費去拓展視野。」這段文字眞是我當時寫照，我的舉動正是在找自己的藏寶圖。

縛住三十年，退休三十年 vs. 自由六十年

家母的觀念裡，認爲只要被診所「縛住」三十年，辛勤累積的財富就可以享受接下來三十年的退休人生。

但我認爲，當你有能力重新定義自己職業的那一刻，才是你的自由元年。

否則當你明明有更鍾愛的人生規畫時，三十年後又一天，你會懊悔自己錯過三十年。

作者筆下的〈設定目標是為了享受過程〉裡，引述一位導演之言：「真心喜愛的故事，才會接下任務。」並評論：「但一般人則是先問報酬跟結果，很少是為了享受過程。」要我說，他們是在忍耐那段過程。

那我們的課題該是什麼呢？作者提醒：「設定一個讓自己能享受過程的目標。」

譬如我的目標是推廣閱讀（跟李惠貞小姐一樣）。過去四年，每個月我會挑一本書，然後辦有獎徵心得，鼓勵寫最好的臉友。過去幾年我也經常受各出版社之邀，寫推薦序介紹好書給讀者，有時候媒體人看了喜歡，還會邀我上電台說書，簡余晏、趙少康的節目我都曾參與。

我自己也在寫書，寫書的意義是傳播我思考、沉澱後的個人觀點。在書寫的過程中，我不斷和自己對話、自我質疑，最後把我踩過的雷，受益過的智慧，分享給讀者。我樂於當他們的金絲雀，當他們的青鳥。

遠眺那樣的目標，我非常享受這些過程，我的目標跟過程，連夢裡我都樂意擁抱。

讓退休一詞退休

《成爲自由人》一書中，如果要我選一篇最喜歡的文章，我會選〈讓退休一詞退休〉。

作者提及七十七歲的服裝設計師薇薇安的親身經驗，旁人問她什麼時候退休，她說：「如果退休是爲了去做自己想做的事，我已經在做了。」

誠如作者所言，重新定義退休，就重新定義了人生。

我們的人生，當然可以接受父母的建議，接下那張他們指定的藏寶圖，走一條少冒一點險的路，但可以拿到預期中的寶物。

可是如果出現誰都沒料到的天災，就像中華民國診所協會全聯會副理事長蔡昌學之言：「受到（武漢肺炎）疫情影響，感冒相關科別的基層診所，門診量與以往相比減少五成、其餘科別至少減少二到三成。」寶物也可能大打折扣。

就像過去幾十年，許多家長視教師爲鐵飯碗，當他們還沒反應過來時，少子化效應已讓許多學校倒校，學校都一間間倒了，教師還是鐵飯碗嗎？

不要對上一代好心交給你的藏寶圖懷抱太大希望，也不要把自以爲的藏寶圖交給下一代，通常我們照上一代交付的藏寶圖按圖索驥時，藏寶圖已經發霉了不說，找到寶物時，恐怕連寶藏也生鏽了。

我們應該盡早培養自己繪製藏寶圖的能力，然後一生都在尋寶的征途上，昂首前行。

退休——
任逍遙的第三人生太好玩

黃世岱《第三人生太好玩》

•••

愛爾蘭成人教育學家艾德華．凱利博士（Dr. Edward Kelly）近年在歐美大力推動第三人生學習運動。

第一人生爲學習成長期，我們是依賴者，父母師長點滴澆灌，我們吸取養分讓自己茁壯。

第二人生爲成家立業期，我們是被依賴的獨立個體，賺取工資、繳付貸款，養家活口是我們的責任。

當退休金能支應開銷時，第三人生就悄悄展開了。凱利博士說：「每個人只要活得夠久，都會有第三歲月，但不是活得夠久的人都會有第三人生。」

對照、參酌管理學大師柯維的成熟模式圖，可以發現為什麼有些人擁有愉快的第三人生，有些人只能勉力撐過不愉快的第三歲月。

成熟模式圖把人類成長分為三個階段：分別為依賴、獨立和互賴，跟第一人生、第二人生、第三人生的調性遙相呼應。

學習成長時有所依賴，成家立業時獨立自主，第一人生、第二人生的主旋律容易理解。

但不少人的第三歲月沒有成功和其他人走向互賴關係，反而從獨立期退回依賴期，企圖在不同面向依賴子女、依賴政府、依賴社會。

全台灣有兩位歐巴把自己的第三人生過得很好。一位是一九六〇年出生的施昇輝先生，另一位是一九五〇年出生的黃世岱先生，而且他們都把自己的經驗寫成了書：《第三人生任逍遙》與《第三人生太好玩》。

如果您心裡仍浮現「到時候再說」，或堅信「只要把第三歲月過完，就等於擁有第三人生」，這兩本書看完絕對可以逆轉命運。

換個角度來談。沒辦法擁有第三人生的人，他們究竟缺乏什麼？其實他們不一定缺乏什麼，他們甚至還擁有房產、積蓄，以及不錯的學歷。

擁有房產，如果是老式透天厝，打掃不易之餘，必須上下樓梯、追垃圾車，這對上了年紀的人來說，其實身處許多潛在風險中。年過六十，如果出售老式透天，改買管理良好、有垃圾子車、代收掛號信、免爬樓梯、衛浴有防滑設備的大樓，更能泰然享受第三人生。

積蓄如果是一攤死水，每天都要擔心有一天見底，如果按照施先生書中第五章〈理財之精〉的建議，趁年輕時有計畫的存0050（或其他同性質標的），退休後靠原始投入金額所配的股息過生活，再也不用擔心錢會有用完的一天。

高學歷者如果離開學校後就遠離書本，其實很快也會跟時代脫節，所以保持繼續學習的習慣非常重要。黃先生甚至規畫三分之一的時間去挑戰、學習，善用線上課程學習，譬如利用伯克利音樂學院提供的課程，學習如何寫歌詞以及爵士樂即興創作；施先生則是考取台藝大電影系的碩士在職專班，重返校園。

黃先生退休前是科技公司副總，施先生則有十五年的證劵承銷經驗；一位理組，一位文組，能悠遊第三人生，可以歸結出幾個共同點：

學獨居，也學新鮮事

施先生筆下有一位董事長，退休後重新學習基本生活技能，這是很值得提倡的。過往他人能代勞高鐵票、轉帳、搭捷運，對方若出遠門或過世，年長者很可能一下頓失生活能力。幾年前家母開車技術退步，我幫她下載計程車APP，綁定我的信用卡，請她放心坐車。我教她只要定位上車處跟下車處，就可以安心到站。有時候她卡關，不熟悉定位，譬如她定位中友百貨或中國醫藥大學，我就慢慢解釋給她聽，說定位點那麼大，司機沒辦法找到你，你只要走到附近比較好停車的一個店家門口前，用那個店招定位，司機就可以很快找到，一次、兩次、三次，她也漸漸熟悉。

黃先生六十七歲時完成第一次的衝浪，老師是他公子。他從衝浪的基本動作開始學，先學會瞬間能完成趴臥、躍起、站在衝浪板上，然後還學習衝浪板下面有三片鋒利的尖鰭，如果不小心跌下水，要立刻做出兩個動作保護自己：一是用力將衝浪板推開身邊避免碰撞；二是用雙手抱緊頭部，以防頭部被衝浪板撞擊。了解風險何在，技術由淺到深，黃先生逐漸掌握用肌肉與海浪角力的訣竅。有步驟的學習新技能，五官並用、動腦動手，這對進入第三人生者非常重要。

我安排美術老師跟皮拉提斯老師幫我父母每週上課，讓他們嘗試新事物。黃先生的標準比我給我父母的標準還高，他勉勵大家要：「挑戰極限。」

愛護家人，獨立互賴

多年前我讀過《中國時報》有篇投書，至今印象深刻。有一對退休夫妻，一輩子存了兩千六百萬，大女兒前後要了一千兩百萬到國外留學、拿碩博士學位，小女兒有樣學樣比照辦理，最後父母剩下兩百萬，面對退休歲月只有茫然。

愛不需要回報，但也要量力而爲。施先生在其子女成年時，言明學費只負擔到大學畢業。我認爲這是很棒的約定。

想念碩博士，可以先工作存錢（證明你眞的很想念），或者拿到獎學金（證明你眞的很適合念），否則很多時候，當今學子念碩博士只爲了逃避就業，而不是眞有興趣要耕耘一門學問。

此外，我想依黃先生的經濟狀況，一定請得起一個專人幫她女兒坐月子，可是他選擇飛到美國，幫女兒坐滿一個月的月子。有體力、有餘力的父親，不是每個人都能實踐幫女兒坐月子。

施先生非常尊重兒女的工作選擇，譬如他的小女兒本來在一家收入優渥的外商公司上班，後來因爲健身時練出興趣，就去考取證照，專職當健身教練。一般的家庭可能要鬧革命，施家父母卻選擇支持女兒的判斷：「教練應該不會被AI取代。」

善用網路，樂於分享

我有一位一年往來一次的廠商，一年要付一次費用，付費單上每年都印了一句：繳款後請來電告知末五碼。今年我委婉告知對方能不能互加LINE，透過線上轉帳的畫面，傳過去對帳也方便，對方回我一句：「我幾歲了！」把高齡當作抗拒學習的理由。

黃先生上了很多線上自學課程後，成立了臉書粉絲專頁「學校生活 2.0 School Lifestyle 2.0」，分享了七十六個適合退休生活的「免費樂活慕課」，還幫大家分類爲：通識、愛好、生活、藝文四類。

施先生則是分享了一個寫臉書的好處：不必一一告訴朋友自己的近況。施先生是一個重情的人，他當兵時有個電影同好的筆友，退伍後漸漸失聯，後來施先生出了一本電影相關書籍，根據三十年前書信往來的地址，竟然把書如願順利送給故友，也加了臉書。後來該友人很久沒發動態，私訊詢問，原來對方中風多時，努力復健中。所以，施先生鼓勵大家不要跟老朋友約「改天」吃飯，受此影響，我現在約老友吃飯都直接給三個日期，請對方敲定一天，排進 Google Calendar，不讓其他的事情卡進去。我們總以爲有無限多次的下一次，但緣分可能只有眼前這一次。

讀完這麼磅礡的兩本退休指南，我得重新設計自己的退休生活了。

旅行——旅行與讀書，讓我們的人生多好幾回合

詹宏志《旅行與讀書》

講到旅行，每個人一定都有不少個人經驗可以分享：小學遠足、家族出遊、畢業旅行、蜜月旅行、員工旅遊、好友揪團，或者背起行囊，踽踽獨行。

旅行的意義是什麼？

一趟旅行，究竟那幾天要體驗什麼？要帶什麼回去？以後會記得什麼？

一開始，我以爲我知道，其實我並不知道。

由於父親工作型態的關係，年輕時他一年到頭都在工作，只有幾天年假，

通常我們會把握這難得的假期，安排跟團出國。

出國一定得跟團的觀念，禁錮我多時。約莫有二十年，我只參加跟團旅行，在眾人皆知的景點拍照（臉書時代則是打卡，此舉更有昭告天下到此一遊之意），然後把免稅店的東西搬回去，如此而已。

你若問我記得什麼？我倒是有些心得：只要是這輩子的初體驗，都永生難忘。

譬如第一次在雪地泡露天溫泉，對於身上水滴結冰之速感到非常神奇，猶記得領隊還提醒曾有個青少年因爲好奇，刻意站著小便看看尿有多快結冰，結果尿結冰之速，快過他蹲到溫泉中，祈禱它融化的速度。

跟團得以不理瑣事，出發當天會有一台遊覽車，沿路「撿」我們這團成員浩浩蕩蕩的前往機場，到回國前一路跟著那個舉著小旗子的領隊，用現代潮語或許可以稱之「無腦旅行」，主軸就是：定點打卡、定時吃飯。

每年過年前一、兩個月，旅行社都會寄行程來讓我們選，有一行字很吸引我目光：若欲搭商務艙，則每人旅費增加○○○○元，我曾試探性的問家母能不能搭商務艙，她給我幾個答案：

一、上飛機後都是一屁股坐下去，站起來就到目的地，幹嘛多花錢。

二、整團幾乎都搭經濟艙，如果你搭商務艙，顯得很不合群，而且可能找不到領隊，會很麻煩。

三、很多董事長都搭經濟艙。

她加了一個但書，總算沒有百分之百的毀掉我的商務艙夢：如果你眞的很想搭，以後自己開始賺錢，再去買商務艙機票。

除了十七歲有一次因爲里程數相對較多，以及商務艙空位較多而意外被升等之外，我眞的是年過三十才有機會細細體會商務艙。

其實跟我媽說的很不一樣。

一、撇開登機省時間、使用貴賓室、機上餐點較好及行李優先送出之外，其實光是在機上能隨心所欲補充水分，隨時都能如廁這點就很吸引我，得以遠離「經濟艙症候群」。姑引一段馬偕醫院蔡悅琪醫師的文字解釋：所謂的「經濟艙症候群」最早是由伊恩·薛明頓（Ian S. Symington）和布萊恩·史坦克（Bryan H. R. Stack）於一九七七年所提出，一九八八年再由克魯克祥克（M. Cruickshank）等運用在病人身上，其成因是旅行中長時間坐著不動，腿部深處的靜脈容易形成血塊而引起的深層靜脈血栓症（Deep Venous Thrombosis）。

二、如果是整團都搭商務艙，或者自己自助旅行，就沒有不合群的問題了。

三、後來交友圈變大，我得知大多數的總經理跟董事長其實都搭商務艙。其實若你從未搭過商務艙，它的花費可能會比你預期的少很多，臉友高睿騰的大作《飛客心法》中，有不少實用建議。

回到跟團旅行，用膳的地點若不是在飯店內，就是前往專營團客的中餐館，說實在其食物水準，以日本來說，大概是吃到第七十百分位的東西。日本是一個花點小錢就能品嘗佳餚的美食國度，大多數旅行團在餐點這關整個敗陣。

探究旅行眞義的那幾個問題，多次翻讀詹宏志的《旅行與讀書》之後，我愈來愈能說出篤定的答案。

其子詹朴做序，提及「有多少對於世界的想像，最初都是來自於這些故事或是其他人的遊記」。林獻堂的《環球遊記》一書，成書之早，遊歷之廣，可能是不少日治時代台灣人對世界想像的源頭。

詹先生自序裡提到「害怕有固定節目的集體行程，特別是那種節目滿檔、喧嘩慌亂的行程」，字字擊中我過往的旅遊經驗，詹先生甚至把這種旅程用「鑄模澆灌」來形容，這讓我想到紅龜粿，沒有不漂亮，也沒有不好吃，但味道不會超出預期，沒有驚喜。

詹先生說：「旅行裡讓我留下深刻印記的經驗，往往發生在最無目的地的時候與場所。」我也有強烈共鳴，百貨公司超市架上的碩大草莓，是我老早預期到的豔紅芬芳；搭乘一段電車去泡湯，街角偶見的傳統青果行買到的小巧草莓，卻意外的鮮甜可口。

詹先生提及，旅行其中一個意義是：「想像他者的生活。」我想講卻不敢出口的話，被詹先生說了：「只有一個人生是令人不滿足的。也許只有旅行與讀書能讓我們擁有超過一個人生。」詹先生說：「讀書時，你固然要融入情景，因而有了另種人生的感受；旅行時，我們也要想盡辦法糾纏的，假裝另一種文化與生活的短暫化身。」詹先生提醒：「如果我們沒有大膽一點，我們永遠只是帶著家鄉之殼去旅行的人，沒有接觸異世界，也就沒有短暫的另一個人生……」

某次遊歐的清晨，偕妻走在維也納的街道，開著垃圾車的年輕二人組，精神抖擻又動作俐落的處理一棟棟大樓的垃圾子車，效率奇佳。

有些台灣人很擅長「想像他者的生活」，對著自己的小孩放聲說：「你要好好讀書，不然以後要幫人家倒垃圾。」每次有這種無禮之人上新聞，總會引起一陣討論。

事實上，百姓要出門等垃圾車，才是一件先進國家人民難以想像的事情。

投資聞人梁展嘉住過十年新加坡，他筆下曾分享：「組屋內每層或每戶設備均配備有蓋垃圾槽，新加坡人愛什麼時候丟垃圾、就什麼時候丟垃圾。許多台北人每天要恭候垃圾車降臨。」紐約清潔隊員諾艾．莫里納（Noel Molina）與東尼．桑卡（Tony Sankar）是一對好友。一位開車，一位收垃圾，兩人的年薪，都超過美金十萬元。他們兩位都高中輟學，但收入超過美國大學畢業生的平均水準。下次你如果聽到鄰居，以對清潔隊員不禮貌的言詞訓子，你可以傳一下美國紐約清潔隊員的年薪給對方，給鄰居醒醒腦。

垃圾處理的需求是百姓剛需，如果多點見聞，才能正確的想像他者的生活，也才能不帶著文憑主義，撇開職業歧視看待每個與你相閃身的靈魂。

旅行若比喻成麵包，書就是酵母，先讀書再旅行，會讓旅行添味增色。這是《旅行與讀書》給我的最大感觸。

慈善——無腦捐錢，無法打造A+社會

詹姆．柯林斯《從A到A+的社會》

家母淡泊名利，慈悲爲懷，自我有記憶始，電視新聞如果出現有人遭逢家庭重大變故，她總會打聽捐助管道，略盡綿薄之力。

我高三時，同校一位不相識的同學父親意外驟逝，各班總務股長替他張羅募款，回家稟報雙親後，隔天他們就讓我拿著一萬元給人救急。

幾十年來，款項不敢說大，但奉獻已是我們家一脈相承的文化。

只是有時一些過往餽贈過的單位人謀不臧時，我質疑：「幹嘛捐錢給這種人！」家母狀甚痛苦，只說：「我們只負責捐，捐出去後，錢到人家手上，怎麼用我們管不著，這沒有辦法！」

我不認爲眞的沒有辦法。

你若不關心錢的去處，它就會跑錯路。

就像莫非定律說的：「If anything can go wrong, it will.」

你若不關心自己捐出去的錢可能發生什麼事，那就會發生壞事。

社會部門能順利運作，主要收入來源有幾種：政府補助、民眾捐款、自力更生。

像美國航太總署NASA就仰賴政府補助，美國癌症協會則是仰賴私人慈善捐款，而女童軍會的主要現金流量則來自女童軍餅乾的銷售所得。

台灣有一個以民眾捐款爲主要收入來源的基金會，近年頻頻出狀況。

該基金會董事長利用會員年度募款計畫的名義，涉嫌花費一千多萬元公款向自己與妻子擔任負責人的兩家公司採購三項產品，花了四年才送完。台北地檢署調查後，認爲該董事長涉及背信罪，將之起訴。

同一基金會還有幹部支薪過高的問題。

相較目前國內社福單位，大型社福團體處長等級薪資約六萬元、執行長八萬元；中型社團處長月薪約五萬多元、執行長約七萬元。前述的基金會規模爲中小型，處長領十萬月薪，無怪乎同行批評。

《中國時報》曾報導，美國最大慈善機構「聯合勸募」（United Way of America），曾在一九九〇年代爆發大醜聞弊案，自此美國訂頒法令，慈善機構不但須「報」稅，也須向社會公開「990報表」。

打著環保名號的基金會，收到款項後的資金運用，哪怕只是持股一張偷排廢水的公司，對捐款者都難以交代。

標榜追求和平的基金會，過去也曾因購置軍火類股，被大肆撻伐，後來出脫持股，試圖取得社會諒解。

影響力愈大的基金會，收到的善款愈多，愈妥善的購置股票，確實能讓基金會更順暢運作，也因此，社會要求的標準自然應該更高；同樣的，姑且不論基金會是否購置ETF這種一籃子股票；若購置個股，也應該選擇善待員工、勞動條件良好的企業，這樣不但社會觀感較佳，對該公司跟基金會的形象也是雙贏。

美國第一位億萬富豪、石油大王洛克斐勒曾說：「我們必須不斷提醒自己，用來幫助人類進步的資金是有限的。因此，將支出用在刀刃上，讓他們盡可能發揮最大的價值，是一件非常重要的事。」

洛克斐勒之言，讓我想起以色列談起水資源時強調的「Save Every Drop」，以國擁有傲視全球的廢水回收技術跟數百間水科技公司。我們也該正視捐出去的每一塊錢是否如以色列所述的水滴，都發揮到最大程度。

缺乏量化指標時，如何衡量社會部門的「成功」？

《從A到A+的社會》一書提醒，「以爲變得更像企業是社會部門追求卓越的重要途徑」是大錯特錯的想法，作者柯林斯強調：「我們不能再天眞的把企業的語言硬套在社會部門頭上，而是要共同擁抱卓越的語言。」

強調紀律的文化，並非經營企業的準則，而是追求卓越的法門。也就是說：

卓越的企業強調紀律，卓越的基金會也強調紀律，但平庸的企業可能不那麼強調紀律。

所以柯林斯給社會部門（學校、醫院、政府機關、社會福利與宗教團體）領導人的建議是：重要的是掌握「卓越」的準則，而非效法企業的經營之道。

柯林斯提醒，區分「投入」與「產出」是非常基本的動作，但一般人往往忽視。

如果比較史丹佛大學和另一所大學，假設史丹佛大學的教練支出占總支出的比例高於他校，我們能因此說史丹佛在體育方面表現「比較不那麼卓越」嗎？

很明顯的，你知道這只是比較「投入」多少教練支出，根本還沒探討到「產出」。

事實上，史丹佛大學連續十年在體育方面整體表現最佳，八成以上的運動員都順利拿到大學文憑。

如果我們緊盯史丹佛大學較高的教練薪資成本，那就是不看產出，搞錯重點。

對企業來說，財務報酬可以是績效的衡量標準，但對社會部門而言，遠非如此。

誠如柯林斯所說，「在社會部門，關鍵問題不在於我們每投入一塊錢的資金，能賺回多少錢，而是我們能多有效的運用投入的資源來達成使命，並產生深遠的影響？」

捐款之前，如何檢視一個基金會？

先前提及某基金會董事長，用善款向自己與妻子擔任負責人的公司採購產品，我用此例詢問好友L，她跟我分享：「譬如像星巴克基金會去教偏鄉青年，沖泡咖啡當咖啡師時，他們就要去買別家公司的咖啡豆和器具做教學，不能用自己公司的。」

L教我捐款前，可以這麼做：

一、查看他們有沒有在當地政府註冊。

二、了解董事會成員與主要管理人員名單。若家族成員盤根錯節、壟斷組織，可能更要格外小心檢視。

三、檢視收入來源、財務報表、年度報告。

新加坡跟美國對基金會的要求都比台灣嚴格甚多。若是檢視美國的基金會，可以查看其990報表，就可以了解組織資產、收入、支出、薪資最高的五位員工，以及董事會成員金融交易紀錄等資料，這也是為什麼某美國基金會，短進短出炒作軍火類股、菸草類股當時會被糾舉，因為眞的無所遁形。

以上近兩千字的分析，若化作行動，其實也只有三個步驟：

一、捐款之前，要先花時間了解該單位。

二、捐了之後，持續追蹤該單位的表現。

三、表現不錯，就繼續捐款。

L說，你的建議，像在描繪一位慈善家，而非一般捐贈者。

我回以：「既然大家投資都想學巴菲特，那捐贈爲什麼不學洛克斐勒？」

L同意我的說法。最後我想分享洛克斐勒的另一句名言：「我的一生都希望幫助建立高效的贈與機制，讓這些財富爲當前社會及後代子孫發揮更大的作用。」

女力——拒絕削權，釋放女力之路

梅琳達·蓋茲《提升的時刻》

伯格在《夠了》一書最後留下幾句寓意深遠的話：「人生這場遊戲，關乎的不是金錢，而是如何用盡全力，來打一場革新自己、革新社區、革新國家和革新世界的戰役。」

《脆弱的力量》作者布芮尼·布朗給《提升的時刻》如是評價：「它改變了我對自己、家庭、工作和世界，還有什麼可能性的想法。」

《提升的時刻》作者是梅琳達·蓋茲，比爾蓋茲的牽手。她和伯格絕對都是世俗眼裡的傑出成功人士，但他們並不耽溺物欲，沒興趣追求擁有灣流飛機、炫目遊艇，或是恐龍化石、乾縮人頭。物欲是無底洞，不少人難以自拔，影帝尼可拉斯．凱吉就是一慘例，他曾靠片酬累積四十億台幣身家，卻因揮霍無度，宣告破產。

如果有人能引領影帝思考，節制欲望，精力奉獻給社區、國家、世界，我相信影帝不但不會破產，還會活得更踏實、滿足。他的號召力一定能帶動更多人，照亮世上陰暗角落。

爲光做見證，照光世間人

作家陳柔縉小姐爬梳了四千張喜帖跟訃聞後，把政商名流的臍帶與裙帶關係寫成一本書。臍帶跟裙帶可以串起一群人織出一張網，價値觀也可以。趨近的價値觀可以讓一群人望向共同遠方，攜手前行。

TED論壇上知名的瑞典公衛學家漢斯．羅斯林罹癌後，曾對梅琳達做過一場演講，他叮嚀著：「你必須去找活在邊緣的人。不能讓世人遺忘他們。」

他畫圖解釋，「如果你住在交叉路口或河流附近，那就沒問題。但你要是住在邊緣，世人就會遺忘你」。

梅琳達詮釋這就是貧窮地理學的概念，極貧人口住在「遠離人際連結的旅遊與貿易流量之處」，她補充還有另一種貧窮地理學：「人們可能住在大都會之中，但仍被孤立於生活潮流之外，這些人也是住在邊緣。」

一九九三年的蓋茲與梅琳達，尚未成立基金會，也不知道如何投資金錢去改善民眾的生活。誠如顧燕翎教授的序所寫：「富豪大撒錢有時反而會壞事。」同一年，世界銀行出版的《世界發展報告》顯示：大量死亡其實靠低成本干預就可以避免。

梅琳達可以輕鬆名列所有募捐活動之首，但她一路走來，做得遠比純粹奉獻金錢的角色還多。她經常造訪最缺資源的火線現場，親自聆聽、觀察、對話。她曾自省，如果拒絕了替其他婦女發聲的機會，這等於是對子女示範，遇事困難可以退縮。

梅琳達觀察世界上的婦女遇到的大麻煩有那些？然後想方設法著手解決，

釋放這些被嚴重壓抑的女力。

教女人當媽媽：先了解她們的杯子裡有什麼？

梅琳達說：「貧窮是最削權的力量。」「對小孩而言，因為他們父母很窮而死掉是世上最不公平的事。」

她資助了約翰霍普金斯大學訓練出來的維許瓦吉．庫瑪（Vishwajeet Kumar）醫師的工作，他在印度北方邦一個名為席夫加（Shivgarh）的村子發起救命計畫。維許瓦吉的太太阿媞．辛（Aarti Singh）是一位生物資訊專家，隸屬組織薩克夏姆（Saksham），意思是：增強權力。

先講結果，薩克夏姆組織在十八個月內就把新生兒夭折率減半。

該組織成員做的事情，對台灣人能享受的醫療水準來說，簡直稀鬆平常：（嬰兒出生後）即刻餵母乳、嬰兒保暖、用消毒工具剪臍帶。但他們做到了過去當地做不到的成果，何以致之？

維許瓦吉的洞察可能是關鍵：「她們（當地婦女）的杯子不是空的，你不能直接灌輸她們你的觀念。她們的杯子已經滿了，所以你必須了解她們杯裡有什麼東西。」

她們有婆羅門，有種姓制度，她們女權低下，連飲用水的品質也堪慮。

當地的傳統文化讓有神職身分的婆羅門告訴產婦，生產三天後才能哺乳。婆羅門散播錯誤資訊給母親，母親被削權而不自知或無可奈何，於是把品質不佳的飲用水餵食嬰兒三日，三日之後，才敢餵食母乳。

薩克夏姆組織和村民溝通，以小牛吸母牛乳房，刺激母牛分泌牛奶為例，衝擊產婦舊時的觀念，並說服一些較勇敢的母親率先嘗試即刻親餵，之後的產婦就更有勇氣追隨，也愈來愈願意考慮其他新穎的保健做法。

讓女人不想當媽媽時，不必當媽媽

梅琳達說：「我很幸運能在我想要的時候懷孕，但我不想要的時候也有能力不懷孕。」

乍讀幸運兩字讀者可能有點不明所以，原來幸福是現在大多數台灣、美國婦女的日常。

在許多國家，很多婦女活在「可能不久又要懷孕的恐懼中」，懷孕後，擔心有增無減：自己吃不飽、小孩養不起，也擔心小孩被丈夫視爲只是一個勞動單位。（這種窘境，在墨西哥曾有善心組織乾脆以童工工時計價付錢給家長，確保孩子可以不被送去工作，而能安心上學。）

先進國家教養良好的男性知道，如果要避孕，自己戴起保險套是一種義務，不需要女性開口。但在某些國家女權不彰，她們說：「如果我要求丈夫戴保險套，他會打我。就像是我在指控他偷染上ＨＩＶ病毒，或者說我偷染上了ＨＩＶ。」

「我不想懷孕時就不懷孕」，是一種女性應有的權力。如果女性不想懷孕時，仍得承擔懷孕風險，那她正被削權。這就是爲什麼梅琳達說：「我們花了很多年才學到避孕用品是史上最棒的救命、脫貧與增加婦女權利的創新之物。」

她指的避孕用品非指男用保險套，而是針劑、子宮內避孕器、口服避孕藥等。過去她就計畫在二〇二〇年時，要把避孕用品送到六十九個窮國、一億兩千萬婦女的手中。

家庭主婦，是一種理當計價的專業人士

正如同梅琳達所說，「對整天做無薪工作的婦女而言，日常家事會扼殺她畢生的夢想」。這裡講的「無薪工作」，是指帶小孩上學、煮飯、洗衣、維護整潔等事務。在一些社區內沒有水電的國家中，無薪工作還包括取水跟撿拾木柴。

許多台灣的丈夫把太太的無薪工作視爲理所當然，當有一天他的妻子離家出走，他必須爲了請人接送子女上學、爲了家中整潔得請專人打理而付費時，他或許才會突然意會到，他太太平常兼了好幾份專業人士的工作。

有些家庭會上演媽媽準備晚餐、汗流浹背後，餐後還得一人挑收拾大樑，爸爸則翹腳看電視，這可能跟那個爸爸受的家庭教育有關，他認爲收拾餐桌「很輕鬆，沒什麼」，可是當這件差事落到他頭上後，他就會有千百個不願意，用盡理由閃避。

下列數據可以帶領我們看得更透澈：

在印度，婦女每天花六小時做無薪工作，男人花不到一小時。
在美國，婦女每天花四小時做無薪工作，男人花二・五小時。
在挪威，婦女每天花三・五小時做無薪工作，男人花三小時。

誠如梅琳達所說：「有薪工作才能提升女性。」從無薪工作的男女比例，也能一窺哪些國家女權不彰。

梅琳達完全同意，有些類型的無薪工作，譬如說照顧家人可能讓生活更有意義（前提是照顧的工作得公平輪值，被照顧者也能給予情感上的回饋等）。其他的瑣事如果日復一日的絆住婦女，她就得放棄取得進步的各種活動，包括受教育、工作、跟其他女性聚會等。

我們家中週間聘請彭婉如基金會阿姨，一天八小時協助家務，週末讓阿姨放假。這個機制鼓勵阿姨週末也要去過自己的生活，去上課，去找自己的朋友聚會。

梅琳達家中的小改變，後來在社區捲動風潮。本來都是梅琳達接送小孩，有一天梅琳達向比爾．蓋茲抱怨她在車程往返上耗時甚多，比爾．蓋茲在尊重女性的環境下長大，他開口表示願意分攤，一週負責兩次。後來梅琳達在接送小孩時發現，怎麼愈來愈多的爸爸來接小孩？因爲大家互相傳播這樣的訊息：「連比爾．蓋茲都來接送他的小孩。」其他爸爸當然更沒有理由缺席。

就連梅琳達家中也經歷過廚房小革命。經過了許多晚餐後、獨留她一人善後的夜晚，梅琳達有一天終於發飆：「在我離開廚房前，誰也不許走。」他們也從舊時觀念改變到學習分攤家務，正視過往大家忽視的「無薪工作」。

在馬拉威，當地團體設計一些活動讓男人了解妻子比自己忙碌。雙方都要下田，但女性下田之前還得撿柴火、打水、做飯、照顧小孩。沒有人提醒之前，很多男人沒意會妻子下田之前，就猶如有一份全職工作。

該團體還有一個經典的演練，他們請男女角色互換，讓妻子可以使喚丈夫，只要她認爲該是他負責的任何工作，他都得做，讓他體會被命令做事的感受。

原本削權的狀態被重新檢討，讓男女雙方被平等對待，最後婚姻狀態竟然變得更穩固。做過角色互換演練的夫妻，在眞正感受過換位思考的好處後，他們分享「那是婚姻的轉捩點」。

演練過後的男性，懂得分攤家事、和妻子一起做決定。

當地團體的努力讓我們有信心，即使是在很傳統的文化中，仍有機會改變性別偏見。一旦改變，潛藏在社會裡的女力，才會自由釋放。

台灣的女性地位，比起過去有相當程度的提升，但還有進步的空間。

近年許多東南亞女性聞風嫁至台灣，卻沒有被善待，整天的「無薪工作」超過十小時的所在多有，要操勞店鋪，還要張羅家務。結婚的對象，有一部分健康嚴重堪慮，根本不適合生育下一代，只爲滿足家中老人家傳宗接代的想望。

善待外籍新娘，打造一個對外籍新娘友善的環境，是我們台灣人的義務，也是責任。

後記——能讀書是幸福的，能寫書尤其幸福

這本書的誕生，醞釀超過五年，一開始和出版社合作之際，我連婚都還沒結。

一開始我寫了七、八成，主要想分享講師生涯一年半的經歷與心得，但後來因爲家父病危，我臨危受命接下診所，也終止了講師生涯，就放棄了繼續書寫的念頭，決定將這些內容統統作廢。

本來以爲專案企畫蕙婷會放棄我，跟我主動解約，放我一條得以不用繼續寫的生路。想不到，她就跟那部電影一樣，永不放棄。

這五年內，我經歷了主編淑涵、簡瑜、宛蓁，每次聊著怎麼繼續書寫的路，一開始我總躍躍欲試，期間經歷了好幾個家人健康狀況直墜，生活步調屢被打亂，根本無暇他顧，遑論寫書。

能讀書是幸福的，能寫書尤其幸福。

那表示我們在這騷亂動盪的年代，仍有一點餘裕，可以讓大腦呼吸。

今年初家父的健康狀況又急轉直下，急診送醫後急洗腎，住院兩週後，成爲得規律洗腎的病人。一切塵埃落定後，我開始利用照顧雙親的空檔，用方法逼出紀律（用番茄鐘，寫作時關臉書、LINE，週週上傳新文章給專案企畫和編輯），本來的無尾巷，因此又柳暗花明。

我雖然已經不碰臨床醫療，但如果把閱讀、寫作、陪伴父母就醫的時間算進去，「工時」應該長於一般醫師，但我甘之如飴。

也要特別感謝太座柳依青醫師，每當我讀書讀到不願再多看一個字，或寫作寫到頭昏腦鈍時，我只要說：「我想要兩顆半熟的荷包蛋。」「我想要一碗有薑的小卷清湯！」「我想要一碗烤牛肉飯～」總能在半小時內得以果腹充電，這是繼續前行的動力來源。

文稿寫完，離成書問世，還有好一段路要走，謝謝一起陪我走這段路的怡慧、惟儂與亞萱，這眞是一段美好的回憶。

Eurasian Publishing Group
圓神出版事業機構
用心與你對話・視野無限寬廣
先覺出版社
Prophet Press

www.booklife.com.tw reader@mail.eurasian.com.tw

人文思潮 146

人生路引：我從閱讀中練就的28個基本功

作　　者／楊斯棓
發 行 人／簡志忠
出 版 者／先覺出版股份有限公司
地　　址／台北市南京東路四段50號6樓之1
電　　話／（02）2579-6600・2579-8800・2570-3939
傳　　真／（02）2579-0338・2577-3220・2570-3636
總 編 輯／陳秋月
資深主編／李宛蓁
專案企劃／沈蕙婷
責任編輯／林亞萱
校　　對／楊斯棓・李宛蓁・林亞萱
美術編輯／林韋伶
行銷企畫／詹怡慧・黃惟儂
印務統籌／劉鳳剛・高榮祥
監　　印／高榮祥
排　　版／陳采淇
經 銷 商／叩應股份有限公司
郵撥帳號／18707239
法律顧問／圓神出版事業機構法律顧問　蕭雄淋律師
印　　刷／祥峰印刷廠
2020年10月 初版
2024年5月　31刷

定價360元　ISBN 978-986-134-365-5

我決定揉合我的閱讀心得跟人生經驗來寫這本書。告訴我的讀者，哪些書擴展了我的視野，增加了我的能力，讓我知道如何能更有餘裕的面對那個無法倒退也無法快轉的人生時鐘。

——楊斯棓，《人生路引》

國家圖書館出版品預行編目資料

人生路引：我從閱讀中練就的28個基本功／楊斯棓 著.
-- 初版. -- 臺北市：先覺, 2020.10
304面；14.8×20.8公分,--（人文思潮，146）
ISBN 978-986-134-365-5（平裝）

1.讀書法 2.成功法

019　　109012059